一句顶万句
魔法聊天

林立文 —— 编著

Magic
Chat

远方出版社

图书在版编目（ＣＩＰ）数据

魔法聊天 / 林立文编著. -- 呼和浩特：远方出版社，
2023.6
（"一句顶万句"系列）
ISBN 978-7-5555-1614-9

Ⅰ．①魔... Ⅱ．①林... Ⅲ．①人际关系 - 语言艺术 -
通俗读物 Ⅳ．①C912.13-49

中国国家版本馆CIP数据核字(2023)第100548号

魔法聊天
MOFA LIAOTIAN

编　　著	林立文	
责任编辑	孟繁龙	
封面设计	小一设计	
版式设计	曹　弛	
出版发行	远方出版社	
社　　址	呼和浩特市乌兰察布东路666号　　邮编010010	
电　　话	（0471）2236473总编室　2236460发行部	
经　　销	新华书店	
印　　刷	天津中印联印务有限公司	
开　　本	880毫米×1230毫米　1/32	
字　　数	146千字	
印　　张	7.75	
版　　次	2023年6月第1版	
印　　次	2023年9月第1次印刷	
印　　数	1—8000册	
标准书号	ISBN 978-7-5555-1614-9	
定　　价	38.00元	

前　言

"明明看着挺简单的事，为什么我一去办就会搞砸？"

"我真的已经很努力了，为何迟迟得不到该有的回报？"

"为什么付出了这么多，朋友不待见，女神也无缘？"

……

生活中，诸如此类的抱怨并不少，有的人将此归咎于个人能力，有的人则埋怨运气不佳。然而，人生的困扰说到底，十之七八出在人际关系上；人际关系的困扰说到底，十之七八出在不会聊天上。

聊天真的这么重要吗？答案是肯定的。构建共情，避免冲突，获得合作等，很多时候都需要通过聊天来促成。朋友之间聊不好，友谊的小船说翻就翻；同事之间聊不好，升迁和奖励可能就泡汤了；恋人之间聊不好，说不定就会分道扬镳。

聊天不难，但要聊好并不容易。不会聊天的人，可能一张嘴就搞砸整件事情。相反，会聊天的人，总能四两拨千斤，"化腐朽为神奇"，与成功常相伴。

这不是魔力，而是实力。聊天不是简单的说话，它代表着一个人的情商，体现了一个人的思想、素养和眼界。聊天是一项人人必备的谋生技能，也是这个时代最好的自我投资，帮助你——

提升人际交往能力，快速融入人脉圈子；

掌握职场说话规则，升职加薪美梦成真；

巧妙化解语言冲突，彰显自信从容魅力；

……

目　录

第八章　临场应变有话术，化解冲突气氛好

第一章

人脉红利时代，不会聊天就出局

☑ 这些年，你就吃亏在不会聊天上

☑ 像准备粮草一样准备你的谈资

☑ 句句话掷地有声，胜过千言万语

☑ 颜值时代更拼"言值"，说好话惹人爱

☑ 多一点耐心，将"闷葫芦"变成"话匣子"

☑ 说话逗趣，圈粉无数

☑ 懂得倾听才能成为聊天高手

这些年，你就吃亏在不会聊天上

人生最重要的加分项是什么？

关于这个问题，想必每个人都有不同的答案。在我看来，答案只有三个字：会聊天。

当然，你也许会说，聊天有什么困难的，谁还不会聊天了？事实上，聊天这件事对很多人来说简直就是一门学问。

不久前，同事陈姐愁眉苦脸地向我抱怨："不就是帮忙修下电脑吗？为什么大家都不乐意？我的人缘怎么会这么差？我知道自己心直口快，就连我老公都说，我说话不走心——容易让人误解，容易得罪人，可我就是改不掉。"

陈姐就是那种不会聊天的典型，话一出口就能"杀死"一片人。

前段时间部门组织聚餐，有同事提议说："我们吃炸鸡、喝啤酒好了，有个电视剧你们看了没？据说一边吃炸鸡，一边喝啤酒，超有感觉！"

"吃炸鸡、喝啤酒有什么劲？"陈姐撇撇嘴说，"那种电视剧，是专门拍给你们这些没脑子的人看的。"

这位同事气得不吭声了。另一个同事又提议说："听说公司附近新开了一家西餐厅，里面的牛排特别正宗，不如我们去这家西餐厅聚餐？"

"那有什么好吃的，"陈姐摇着头说："国内的西餐洋不洋、土不土，吃不到正宗牛排的，也就骗骗你们这种没见过世面的人。"

……

还有同事本来想提议其他地方，但想了一下决定不开口了，他们都害怕陈姐这张嘴。

同事小张一看气氛不对，便笑着问陈姐："那你说吃什么就吃什么。"

陈姐想了想，提议去吃火锅。人多吃火锅有气氛，大家也没有什么异议。

聚餐时，陈姐见同事阿雯特别能吃，就打趣道："你怎么还吃那么多？你看，你的胳膊都有我大腿粗了，再胖下去，就找不到男朋友了！"

　　阿雯确实有点胖，胃口也好，被这么一说，尴尬地笑了笑，没有说话。

　　陈姐见阿雯没理自己，又转身对小敏说："我早就留意你这件衣服了，是高仿的吧？穿高仿货很没档次的。"

　　小敏的脸一下子红了，借口接电话出去了。

　　这时，小李新交的女朋友发来视频。大家一看对方是个美女，纷纷询问小李是如何抱得美人归的。陈姐则上下打量着李琨，嘴里发出"啧啧"声说："没想到，你居然能找个美女做女朋友，莫非鲜花都喜欢牛粪？"

　　这话让同事们一个个皱起了眉头……

　　或许陈姐只是实话实说，但这样聊天怎么可能让人喜欢？凡是跟陈姐有过接触的人，都会对她避而远之，有人甚至表示不想再和她有任何交集。

　　就拿修电脑这件事来说，有位同事明明十来分钟就能修好，但因为之前被陈姐伤得"体无完肤"，他最终没有出手相助。陈姐无奈，只好打电话给电脑维修公司，白白耽误了两三个小时的工作。

你是会聊天的人吗？现在请自我反思一下：聊天时，你是否自诩性格直爽，常常不加思考就脱口而出？你是否只顾着自我表达，从不考虑别人的感受？你是否爱以自我为中心，即使察觉到别人的尴尬，也不懂得适可而止？但凡你有其中的某个表现，都说明你根本不会聊天。

与人聊天不是简单地张张嘴巴、动动舌头说话而已，它是一门很有技巧的学问，是通过说话获得好感、获取信任，沟通解决问题。那些会聊天、擅长聊天的人，从他们嘴里说出来的话都让人感觉像是一种享受，总会让人感到非常舒服。即使是批评人的话，他们也能说得非常真诚、有涵养，让对方乐于接受而不会产生反感。

艾老师是我事业上的导师，别看他长得貌不惊人，说话也从不用什么华丽的辞藻，却能让与之聊天的人如沐春风，有一种相见恨晚之感。

有一次，我跟随艾老师参加一场会议，其中一位经理迟到整整半个小时，而且他还是会议的发起人，所以大家只能等着。每个人的时间都是宝贵的，遇到这种事情，大家难免心有不快。当那位经理抵达时，有位老板不高兴地直言："您怎么现在才来？您这面子可真大呀！"直白的一句话，充满了火药味。

会议结束后，该经理向参会者逐一道歉。大家见他态度诚恳，虽然心里有意见，也不好再说什么，都说"没关系"。轮到我们这边时，艾老师笑着说："听君一席话，胜读十年书。

那半个小时我们原本有机会共同度过的，那样我的人生就会多出有价值、有意义的半小时，这次实在有些可惜。"

该经理听了，脸上露出笑容，笑中明显带着感动和感激。

再如，同样是宣布加班，有些领导可能会对下属说："注意了，今天晚上完不成工作，谁都别想下班！"艾老师则会这样说："大家加把劲儿，工作干完咱们就下班！"虽然意思是一样的，但前者传递的是命令和压迫，让别人难以接受；后者则是温暖的鼓励，让人更乐于接受一些。

语言是个很奇妙的东西，一句说人笑，一句说人闹；一句能上天，一句能入地。即便是同样一句话，换一种表达方式，意义就大不相同。在这个案例中，同样的事情，艾老师只是换了种说法，就让人感到舒服，而且心怀感激。

一位著名主持人说："你越会说话，别人就越快乐；别人越快乐，就会越喜欢你；别人越喜欢你，你得到的帮助就越多，就会越快乐。"

所以，别小看聊天这件事，与人聊天时，我们最好提前考量一番："我说出这样的话会不会让别人不高兴""我应该怎么说才能让人更舒服"……想想如何尊重和理解别人，如何更好地表达，渐渐地，我们就能让语言变得更精彩、更让人喜欢，成为一个聊天高手，让生活和工作更加顺畅！

像准备粮草一样准备你的谈资

聊天中，你是否常常感到无话可说，找不到可以交流的话题，甚至脑子里一片空白，出现令人尴尬的沉默？

要想改变这一现状，你需要从积累谈资做起。

谈资是什么？就是聊天的材料。这很容易理解，我们吃饭，需要有饭可吃；想要喝水，需要有水可喝。聊天，则需要有事情可谈。与人谈天说地，最怕的就是遭遇尴尬的沉默。如果两个人只是沉默地坐着，就算坐上十年，也无法成为朋友。

仔细观察，我们会发现，那些跟任何人都聊得来且在聊天中主导话题的人，大多平时重视积累谈资并舍得投入，他们永远不会让自己外表光鲜而头脑空空。

曾经有这么一个节目：主持人设定了一个题目——某次

聚会上有两位女士，甲女士拿着一个平民包，谈吐不俗，并引用了某知名财经杂志的分析；乙女士拿着一个名牌包，言谈之中更关心电视剧里某个人物的命运。据此，主持人让大家判断，两位女士谁的社会地位更高。

你的答案是什么？不少年轻人推断，谁的包贵，谁的社会地位就高。

主持人的答案则是甲女士，理由是一个名牌包，小白领一咬牙一跺脚，攒上半年工资，总归是能买到的；而能看懂知名财经杂志的人，必定有较高的外语水平，并且时刻关注时事热点，这些内在的东西不是金钱能买到的。

必须承认，我们正处于谈资比名牌包更昂贵的社会。聊天需要用谈资来支撑。聊天中，双方可能会谈到任何问题，如果你准备不够充分，甚至对对方的话题一无所知，就会陷入尴尬。没有话说了吗？该怎么办？是沉默还是转换话题？无论你怎样做，都会给对方留下不好的印象。

所以，唯一的办法就是：在"战斗"开始前，充分准备自己的谈资。我们要像准备粮草一样，让自己的谈资丰富起来，才不会在聊天时陷入无助和不知所措。

我的大学同学小陈是某知名互联网企业的优秀销售员，

几年来，她的业绩一直是公司第一名。很多人会想，是不是小陈长得很漂亮？一般漂亮的女孩做销售比较有优势。有这种想法的人一般都带有某种偏见，认为女性销售做得好，大多是靠姿色，但这是对小陈的极大误解。

小陈长得并不起眼，家庭条件也很一般，她的成功源自于一个非常好的习惯——每天坚持看《新闻联播》，认真记录那些重要内容。在她看来，《新闻联播》包含国家政策、国内国际的重要事件，这些新闻虽然与销售关系不大，却能够成为与客户交谈的话题，不至于让自己无话可说。

事实上，这些内容确实成了小陈的谈资，对她和客户的交流起到了非常重要的作用。"我总是能够同客户聊得来，无论国内国际上的大事，我都知道很多。其实，有的时候不是客户太过固执，而是我们自己缺少引起客户喜欢的谈资罢了！"小陈坦言道。

"你是如何发现这一奥秘的呢？"我好奇地追问。

小陈的脸微微红了，回答道："刚参加工作的时候，我不太擅长表达自己，也不善言辞，别人你一言我一语聊得很欢，我却总是不知道说什么，想插嘴都插不上。在客户面前更是如此，常常因为无话可说而陷入拘谨难堪的境地。可想而知，我的工作很长一段时间都处于停滞状态。"

小陈长吁了一口气，接着说道："后来有一次去拜访客户，我无意间发现，该客户正在观看游泳比赛，而我本人很喜欢游泳，于是我们就聊起了游泳，而且相谈甚欢。结果，原本以为费尽心思都不见得能做成的一笔买卖，通过一场聊天就轻松地取得了成功……这也让我明白了聊天中有话可说，是多么重要的事情。《新闻联播》上的新闻大多是当日国内外的重要新闻，是大众比较关心的焦点问题，对谁都适用。"

由此可见，当你的谈资足够丰富，就能通过观察谈话对象的反应，在适当的时候说出适当的话，消除对方的戒备心理，博得对方的好感和信任，使聊天变得轻松而愉快。

一般来说，谈资的内容越深入越好，涉及面越广泛越好。获取谈资的方式有很多，可以从电视中获取，从网上获取，从书上获取，甚至从与别人的聊天中获取。无论哪种方式，都需要一个长期积累的过程，渐渐地，你会发现无论面对什么样的谈话对象，你的谈资都可以源源不绝、信手拈来。

句句话掷地有声，胜过千言万语

如何判断一个人聊天能力的高低？对此，不少人给出答案——会说。那么，会聊天的人，是不是都能说会道？

谈及聊天，我们经常强调会说多么重要，谈资有多重要，如何让你说的话引起别人的兴趣、获得别人的认同等。从一定程度上看，会聊天的人的确口才比较好，但是，如果把会聊天等同于能说会道，实在是一种不全面的误解。会聊天并不是一定要多说，而是让自己说的话既有效率，又有分量。

生活中，我们总能看到一些人，跟人聊天只顾着自己说个痛快，不停地说，却句句不着边际。这种人虽然说了很多话，可并不是会聊天的人，因为他们只顾着自己过嘴瘾，不管别人是不是愿意听，只会招来别人的反感。

有些人看似寡言，但说的每一句话都能切中要点，每一个字都掷地有声，用最简洁的话语表达丰富的含义，这样的话才是最吸引人的，也可以给对方留下深刻而良好的印象。彼此之间有了好感与信任，还有什么是不能谈的呢？

所以，话不在于多少，而在于是否有用。话虽不多，但很有分量，才算是真口才。

我是一个很不喜欢参加聚会的人，因为不喜欢各种聚会中那些冗长的谈话，但有一次聚会却令我印象深刻，并认识了一位知己。

那次，我受邀参加一个行业聚会。这次聚会是行业内规模最大、水准最高的，为了了解一些最新的内部消息，我决定前往。闲聊间，谈及对行业的看法和前景分析，同桌的几个人侃侃而谈，但大部分观点都没有什么新意。渐渐地，我听得有些无聊，但也只能强打精神。

十几分钟后，或许大家说得有些累了，气氛逐渐冷了下来。这时，邻座的孙先生快速而清晰地说道："敬业与创新、改革与发展，这是我对我们行业的期望，也是我接下来努力的方向。"他的话简短有力，一语中的，显然出自深思熟虑。我和他相视一笑，推杯换盏。

俗话说："蛤蟆从晚叫到天亮，引起人们反感；公鸡清晨只啼一声，人们就起身干活。"这就是说，话贵在精，多说无益。如果你说出的话句句都是精华，都能抓住人心，就能快速获得别人的好感和信任，从而解决问题。

为了更清楚地说明这个道理，我们再来看下面这两句话：

"小清这个人做事的时候，总是不能掂量自己的力量和本事，做一些力不能及的事情，这是行不通的。"

"小清这个人做事自不量力。"

显然，第二句比第一句更为精练，更具总结性，而且掷地有声。

一个说起话来长篇大论的人，往往条理不清，思绪没有重点，才会来回重复引用，一个观点绕来绕去。

要想让每句话都有分量，取得好的聊天效果，应该事先整理自己的思绪，分析自己要表达的观点及重点内容，浓缩成几句话，最好在十分钟内结束一个话题。因为有了时间限制，你会逼迫自己做出最精练、最透彻的分析，减小废话、啰唆的概率，让对方迅速了解你的意图。

颜值时代更拼"言值"，说好话惹人爱

现在，越来越多的人开始注重自身形象的管理。然而，外在的体态容貌可以一眼就辨认出美丑，而心灵的长相则要通过"言值"才能作出判断。所谓"言值"，就是一个人会说能说，说出的话，别人喜欢听，而且对听的人有用有效。

青春易逝，而"言值"却会随着生活阅历的增加、个人的成熟进步而增长。一个人的"言值"，既是其智慧和内涵的外在表现，更是其个人综合素质的体现。如果把人际关系和处世技巧比作一棵树，"言值"毫无疑问就是树的根部，起着至关重要的作用。

小常是我以前的一位同事，是个典型的乐天派。平时大家都爱和他聊天，因为和他相处非常轻松自在，仿佛一切烦恼都能抛诸脑后。前段时间，小常因车祸受伤住院，我便挑了一个周末，买了一束鲜花，拎了一些水果去看望他，走到病房门口时，听见他正在打电话：

"你家住那么远，不用特意来医院看我了，怪麻烦的。"

"好吧，我说不过你，那你过来吧！不过，你是一个人，还是带孩子来呀？如果带孩子来的话，一定要注意安全，带着孩子出门绝不能马虎。"

"我发个医院的定位给你，免得你找不到路。等你到医院了，我让朋友去接你一下。"小常一边笑着，一边对电话那头的人说。

很显然，是小常的一个朋友要来医院看他。

我走进病房，小常一见到我，立马笑着说："我只是受了一点轻伤，没什么大碍，还麻烦你专门跑一趟，真是太感动了。对了，你吃过早饭了吗？早上家里人给买的肉夹馍，这是你最爱吃的，还热乎着，要不咱们一起吃？病房每天都消毒，还是比较干净的。"

小常既惦记着我爱吃肉夹馍，还担心我嫌弃医院的卫生不好，这些话不禁让我心头一暖。不过，我在来医院的路上已经吃过饭了，于是笑着摆了摆手，把花和水果放在桌上。当时桌子上已堆满花和水果，想来这些天一定有很多人来看望他。

小常随手拿起一个苹果，一边削苹果，一边对我说："你最近的工作是不是很忙呀？我算了下，咱们有两个多月没见面了。"

"前段时间是有点忙，最近好多了，我还想着邀请你来家里做客，哪想到你住院了。"我点了点头，如实说。

"放心吧，等我好了，肯定去你家大吃一顿，我可是做梦都想着吃伯母烧的菜。"小常说着，像是突然想起了什么，又问道，"对了，伯父伯母最近身体怎么样？特别是伯母，她肩周炎的老毛病有没有好一点？"

……

我和小常你一言我一语地闲聊着，不知不觉，一个多小时便过去了。临走时，小常再三嘱咐我代他向伯父伯母问好，嘴里还不停地叮嘱我："慢点走！""路上注意安全。""到家给我发短信"。

回去的路上，我一直在思考，为什么小常的人缘那么好？想想他和每个人所说的话，我找到了秘诀，那就是小常特别会聊天。他总是能真心实意地对待对方，设身处地为别人着想，所以说话总是那么得体，在不动声色间就能让人感到舒服，给人相见恨晚、如沐春风之感。

仔细观察，我们也会发现，那些真正的成功者不一定拥有出众的外表、高人一等的出身、显赫的社会地位、优越的家庭条件等，他们的主要魅力在于会聊天，懂得利用自己优秀的谈话能力拉近距离，打入圈子。无论到哪里，他们都能迅速赢得别人的好感，更能左右逢源，如鱼得水。

小罗是一位年轻的车险推销员，工作十分努力，每天早出晚归，但总是达不到理想的成果。他出生于一个不太富裕的工薪家庭，认识的人太少，身边的朋友也不多，所以找他买保险的人少得可怜。面对陌生的客户，小罗又不知道如何才能让他们接受并认可自己所卖的保险。

怎么办呢？小罗向我求助。经过一段时间的观察，我发现他最大的问题是不知道如何与别人聊天，于是便告诉他一些比较实用的方法。

小罗开始有意识地与自己碰面的每一个人进行沟通。他每天都随身带着自己的名片，只要发现目标，他就马上掏出名片，有礼貌地递给对方，友好地说："嘿！听说你女儿的功课特棒，她一定跟你一样聪明。""我看见过你老公在门口等你，你们感情真好！"

这些话就像老朋友见面一样亲切……没过多久，小罗的朋友圈变大了，他的朋友从企业经理、高级策划、普通员工到全职主妇，越来越多的人喜欢和他聊天、成为朋友，并渐渐成为他的意向客户和潜在客户。

三个月之后，小罗成为车险销售的高手。

良好的聊天能力可以让一个原本业绩平平的车险推销员认识越来越多的人，打通一条成功之路，如此良性循环，就可以让自己的想法顺利推进，从而达成目标。

所以，不管你从事什么工作，处在职业的哪个阶段，学会聊天是宜早不宜迟的事。好好地聊天，充分展示自己，增加别人对你的好感，你会发现，与他人的交往将变得简单，机遇将源源不断地向你涌来。

多一点耐心，将"闷葫芦"变成"话匣子"

生活中，有些人不擅长聊天，俗称"闷葫芦"。和这样的人聊天，似乎是一件很困难的事。

相信你也遇见过这样的人，他们不太会聊天，也不愿意聊天，总是需要你不断地找话题，否则双方只能尴尬地大眼瞪小眼。当你和对方聊天时，常常是你说一大堆，对方却简单地回答三言两语。面对这样的人，不少人会选择草草结束对话，毕竟没有人愿意"热脸贴冷屁股"。

但根据我的经验，对待这种人，我们更需要有点耐心。可能很多人会质疑我的做法，这世上有趣的灵魂那么多，为什么我们要费尽心思地跟一个木讷寡言的人聊天呢？

实际上，大部分不善言辞的人都有些缺乏自信，他们不知道应该如何精准地表达自己，一张嘴就会紧张，但这并不代表他们没有自己的想法和主意，也不代表他们不想表达。而且，他们的想法或许比语言能够表达出来的还要精彩万分。如果我们多一些耐心，往往会获得意外的惊喜。

　　部门的年轻同事小尚帅气开朗，工作能力强，选择对象的眼光也高，这两年先后相过上百次亲。见到小虹的第一面，他就觉得她是自己喜欢的那种类型。

　　小虹对小尚也是一见钟情，两人很快就确定了恋爱关系。

　　就在大家期待着早日吃到他们的喜糖时，有一天小尚一脸无奈地表示，不知道这段感情该不该继续下去。原来，小虹性格内向、寡言少语，两人在一起的时候，小尚总是没有办法侃侃而谈，说什么都不太自然，经常陷入相对无言的尴尬，这让他很是头疼。

　　"比如，上星期我们一起去看《×××××》，这部电影既搞笑又有意义。散场之后，我问她这部电影怎么样，有什么地方让她印象深刻。结果她支支吾吾，半天也没表达清楚，我都替她着急。她一看我要生气了，索性闭口不说，回家路上也没说两句话！你说气人不！"小尚苦笑着对我说。

　　"但凡知道好玩的地方，我总想赶紧带她去看看。有一次，我开车两个多小时带她去一家很火的店吃饭，那里有她最喜欢的慕斯。我以为她会感动，但当我问及她的心情如何时，她想了半天，给了我两个字'还行'！这让我感到十分郁闷，突然感觉跟她没有什么话可聊了。"小尚继续说道。

看来小尚确实是受打击了，否则不会描述得如此详细。

我反问："那你喜欢她吗？"

小尚毫不犹豫地回答："喜欢呀，否则我也不会花费这么多心思。我是真心喜欢她，一看见她就高兴，但是只要在一起说话，我就不知道该怎么办了。她的话实在太少了，要是以后每次交流都这么费劲，日子可怎么过呀？有时我也会想，可能是自己和她性格不合，但又舍不得放弃这份感情。"

我大学时候曾研究过心理学，也曾在一家大企业做人力资源管理，和各种各样的人打过交道，深知小虹属于内向性格。

根据以往的经验，我认真思索一番后，教了小尚几招："如果你喜欢她，那就耐心一点，别太着急，多理解她，让她跟你聊天时不会产生压力。试着引导她一点点地说出心里话，最好让她主导你们之间的谈话。你还可以让她做选择题，然后加个为什么，相信用不了几天，你就会发现她的变化。"

在我的建议下，小尚开始做出一些改变。

以前和小虹聊天，如果她半天不搭话，或者表现出一副欲言又止、吞吞吐吐的样子，小尚都会着急地催促，或者转移话题。现在遇到类似的情况，小尚也不着急了，而是耐心地鼓励她："这个问题你怎么想的，我特别想听听你的想法。你不用着急，慢慢想，慢慢讲，我们就是讨论一下……"

　　为了鼓励小虹多表达自己，小尚还用提问的方式，引导她一点点地打开话匣子，谈论自己感兴趣的东西。比如问她："爱情片和喜剧片，你更喜欢哪一种？"虽然小虹还会跟以前一样欲言又止，或者只说一两句，但小尚一直微笑着鼓励她，让她继续往下说。

　　久而久之，小虹虽然还是不善言辞，但小尚却惊喜地发现，自己的女朋友很有见地，有些想法新颖且大胆。现在，她竟然在小尚面前变成了小话痨，小尚表示："虽然她在外面可能还是不善言辞，但我喜欢她在我面前展现出的不一样的状态！"

　　婚礼上，小尚拉着小虹一起给我敬酒，感激地说："多亏了你给我的那些建议，让我们学会了如何更好地聊天，感情日渐升温，才能有情人终成眷属。"

　　不善言谈者，往往会陷入一种窘境——心中有千言万语想要表达，却不知如何用语言描述出来。这时，如果你缺乏耐性，贸然打断对方，甚至表现出不耐烦的情绪，必然会加重对方的压力，你大概永远无法和他们好好聊天，更别说从他们口中听到那些精彩的想法了。

　　耐心地给予对方一些时间，让对方有慢慢说的机会，你会发现"闷葫芦"也可以变成"话匣子"，使双方拥有一场愉快而有效的谈话。

说话逗趣，圈粉无数

你身边有非常受人欢迎的朋友吗？留心观察一下，他们身上都有哪些独特之处？

每个人给出的答案都有所不同，如友善、热情开朗、乐于助人、慷慨等，但可能会有一个共同点，那就是风趣幽默。因为风趣幽默的人，往往最善于营造聊天气氛，而气氛决定了交谈的层次。

这也就导致了一个现象：

有些人其貌不扬，却比俊男靓女更受欢迎；有些人资历平平，可总有好运气、财富和名誉找上门来……这一切看似不可思议，实际上却暗藏一个秘密——他们说话很吸引人，风趣幽默。

小林是我的一位好友，他最大的兴趣就是交朋友。令人佩服的是，和小林聊过天的人，都愿意与他继续交往，最终发展成好友。小林有什么聊天绝技吗？

出于好奇，有一次，我观察了他和别人聊天的过程。

当时，我给小林介绍了一个朋友，这个朋友性格内敛，不善言谈，和别人聊天一般是充当聆听者的角色。因为对小林不熟悉，所以朋友聊的都是诸如天气、物价等无聊的话题。出于礼貌，小林也认认真真地聊着这类话题。

后来，这个朋友想不到话题聊了，气氛立马变得尴尬起来。

这时，小林故作深沉地说："说实话，我不是很喜欢聊这些话题，可是我不敢说呀，担心掀翻我们友谊的小船。"

一句逗趣的话，让朋友忍俊不禁，忙解释道："我觉得我们不太熟，所以有些拘谨。"

"啊哈……"小林接过话头，"如果太熟就不好吃了。"

朋友笑得更加开怀了："你是哪年的？我应该比你大。"

"原来你跟我一样，有喜欢装老年人的爱好。"小林笑言。

就这样，小林发挥幽默，说了很多逗趣的话，让这个朋友从头笑到尾。

毫无意外，小林又交到了一位新朋友。

说话逗趣的人，往往朋友无数，很难让人不喜欢。小林其貌不扬，喜欢他的人却很多，这就是幽默的效果。

人们通常会很抗拒和严肃的人聊天，因为那种氛围很压抑，继而在言语上会变得拘谨，无时无刻都想逃离，如此自然很难聊出好关系来。和说话逗趣的人聊天，心态则大不相同，不仅精神上感到轻松愉悦，交流的氛围也会无比融洽，很可能聊天结束后还想着下次能再聊一聊。

任谁碰上说话逗趣的人，都会被其魅力吸引。心情郁闷的人，听到一句逗趣的话，坏心情会一扫而光；心情愉悦的人，听到一句逗趣的话，好心情将加倍；心情悲伤的人，听到一句逗趣的话，会忘却悲伤，破涕而笑；生气愤怒的人，听到一句逗趣的话，怒火也会跟着熄灭……

所以，在评价一个人的时候，我时常将幽默列为其中的重要一项。

前段时间，我所在的企业要招聘一位销售经理，而我是这次面试的主要负责人。有个年轻人学历不是最高的，经验不是最丰富的，开始并不被看好，但最终却脱颖而出。为什么呢？他的幽默感给我留下了深刻的印象。

面试中，我问他："你认为自己最大的优点是什么？"

他答："像蚂蚁一样勤奋工作，像牛马一样吃苦耐劳，像猎狗一样忠诚无比。"

这几个比喻既形象又幽默。我接着又问："你最大的缺点是什么？"

他答："我的缺点是太爱销售这一行，每当拿起一件商品，我总会不自觉地想：'这个商品的卖点是什么？''如何才能吸引消费者？'无论在哪里，遇到什么人，我总是第一时间想到向他推销，甚至有时上厕所，我也会忍不住……"

听到这里，我情不自禁地笑了，又追问道："那你怎样赢得顾客？"

"我总结了几个准则，"他说，"脸皮像城墙一样厚，嘴巴跟蜜罐一样甜，手像芥末一样辣……"

他说话实在是太有趣了。我笑着点点头，又问："你对薪金有什么期望？"

他答道："我是一头老黄牛，吃的是草，挤出来的是奶。"

他的回答不但灵活幽默，而且富有哲理，充分显示了他的口才与智慧，更显示了他的竞争实力，最终顺利通过面试。

和朋友聊天，我一直提倡轻松自然，也常将过去的趣事、将来的打算、工作上的得意与挫折、家庭中的欢乐与烦恼等作为幽默的素材。打趣、揶揄甚至嘲讽一下，都能增进彼此的感情。运用幽默，"幽"得开心，"默"得可乐，这样的交流实在有趣得很。

当然，要做到这一点还需要后天的努力和积累。平时我们可以多看一些喜剧电影，多听一些笑话，多浏览一些搞笑漫画，多积累一些歇后语、谚语、俗语等。同时，丰富自己的想象力，经常向幽默高手学习，这样才能华丽变身为"幽默达人"。

懂得倾听才能成为聊天高手

聊天是两人或多人之间的一种语言交流。在这个过程中，"说"的人显然是主角，拥有更多的表现机会。但是，有一点我们不能忽略，那就是，听的人同样有这种渴望。

要想拥有一次愉快而融洽的聊天，每个人都要懂得倾听对方！

我有个女性朋友小贾，很多人喜欢和她聊天。认识她的人，都习惯性地把她当作"知心姐姐"，什么都愿意和她聊、跟她说。对此我也深有感触，小贾好像真的有一种魔力，让人有一吐为快的舒畅和愉悦。那么，大家到底为什么喜欢和她聊天呢？

这里，我举一个令我印象深刻的例子。

　　三十岁生日那天，我邀请了一些好友到家中小聚。小王和小贾从来没有见过面，只是从我嘴里听到过对方的名字。在介绍她们认识之后，我就忙着筹备聚会，招呼其他人。一开始我有些担心，因为小王性格有些高傲，交友也很挑剔，没想到她们的交流十分顺利，聊天氛围很好。

　　"听说你刚刚从外国旅游回来？"小贾主动问道。

　　"是的。"小王简单回答后，便继续低头看手机。

　　"你能不能给我讲一讲这趟旅行你看见了些什么，都遇到了些什么事？"小贾继续问道。

　　小王抬起头来，语气淡淡地回答道："我去了很多景点，如×××等。"

　　"哇，说得我都心动了。"小贾微笑地看着小王，"你一定非常开心吧？"

　　"是的，不虚此行。"小王脸上显现出掩饰不住的兴奋。

　　"能给我讲一下吗？"小贾继续问。

　　接下来，小王开始兴致勃勃地讲述旅行趣事，小贾在一旁认真听着，时不时回应或点评几句。

　　在这次聚会中，小贾听得很开心，小王说得更开心。

　　后来，小王从我嘴里得知小贾是小有名气的摄影家，对小贾的好感直接转变为崇拜，两人也成了无话不聊的好友。

在这个案例中，小贾只是扮演了一个很好的倾听者，就顺利赢得了别人的信任与好感。这并没有什么神奇之处，而是人性如此。每个人都有说话的欲望，都希望自己说的话能得到别人的响应与重视。一个乐于倾听的人，无论对于谁，都是一个理想的聊天对象，能更快赢得别人的喜欢。

遗憾的是，生活中有些人只会说，而不懂得听。在你认识的人或者交谈过的对象里，是不是也有那种一直喋喋不休人？不管你是赞同还是反对，这种人根本不在乎你在说什么，因为他从来不会给别人说话的机会。这样的情形实在令人沮丧。

在一次饭局上，我认识了一位同行小彭。小彭为人热情，到我们这桌打了招呼后，还坐下一起喝了会儿酒。在这个过程中，小彭兴奋地说个不停，压根不给别人说话的机会，把整个饭桌上的气氛搞得十分火热。但这次饭局结束之后，大部分人对小彭的印象都不好，认为他爱出风头，不尊重人。

为什么大家会得出这个结论呢？我问了一个参加那次饭局的朋友，朋友"高深莫测"地说："你看他只顾着说自己想说的话题，还把话头都接了过去，根本不肯留点时间听别人说话。他以为这样显得自己很有口才，却不知当他嘴巴一刻不停地说，耳朵却从不曾为别人打开时，这种聊天丝毫没有愉快可言。"

如果你也遇到过这样的朋友，相信你一定明白，在聊天中倾听有多么重要。

聊天是说与听的互动，一方愿意说，另一方愿意听，交谈才能愉快地进行下去。在这个过程中，听才是说的动力，你愿意认真、耐心地倾听，对方才会觉得受到尊重，并且愿意进一步和你交谈下去。相反，如果你表现出敷衍和拒绝，对方自然不会再与你继续交谈。

一般来说，倾听别人说话时，应保持良好的精神状态，全神贯注、聚精会神，表现出自己乐意倾听且有兴趣与对方沟通，并不时地运用微笑、点头、提问等及时给予对方呼应。

当你愿意牺牲时间且拿出足够的耐心倾听对方压抑的深情、生活中的喜悦、工作上的困顿等，并给予包容和体谅，相信对方一定会心存感激，给予你更多的信任和依赖："他对我说的事很有兴趣，我还可以多说些。""他能理解我，是一个值得结交的人。"

遵循以上倾听技巧，你将成为一个广受欢迎的人，赢得众人的喜爱和支持。

第二章

初次谋面，印象永远走在能力前面

- ☑ 嘴里说出的不只是话，还有你自己

- ☑ 恰当的称呼，瞬间提升好感度

- ☑ 自我介绍有特色，让人一秒记住你

- ☑ 要想寒暄到位，牢记四字真言

- ☑ 学会运用微笑的神奇魔力

- ☑ 学会搭讪，让陌生人无法漠然

嘴里说出的不只是话，还有你自己

仔细想想，当你和一个人初识的时候，你脑子里对这个人的印象通常是怎样形成的？

毫无疑问，对于一个人，我们最直观的印象来自于外表。但对方思想的深度、心肠的好坏、个性的特点，则需要从言谈举止去体会和认识。

某商场里，一对恋人正在购物，男的不小心撞了一下女友，女友大吼："你要撞死我吗？"

听到这样的话，你觉得这是怎样的一个女人？很明显，我们会认为她是个性格急躁的女人。

如果女友说："哎呀，你撞痛我了啦！"很明显，这是一个会撒娇的女人。

如果女友开玩笑地说："你再撞一下，我就散架了。"

这是个幽默的女人。

与人聊天时，你以为从嘴里吐出来的只是几句话、几个词，但别人"看见"的，却是从嘴里说出来的你自己。你说出的话，决定了你在别人心里是个什么样的人，别人也会由此确定是否喜欢你，是否愿意和你继续相处下去，这将直接关系到你是否受人欢迎，进而影响你的人际关系。

很多跑业务的人都有一个体会：一笔生意能不能谈成，和你与客户能不能聊得来，通常有很大的关系。这样一说，可能有人会觉得在商言商，只要自己把合同做得漂漂亮亮，把业务讲解得清清楚楚，自己的任务就完成了，和聊得来、聊不来有什么关系呢？

这种想法显然是错误的。试想，当你打算和人合作时，是不是需要先考察一下这个人的人品、能力等？是不是要看看这个人可不可信，能不能托付？白纸黑字的合同固然是一种保障，但如果你识人不清、遇人不淑，一纸合同又有什么用呢？

所以，聊天不仅是一种强而有力的沟通工具，更是一张个人形象的"活名片"，是考察一个人人品和能力的重要一环。

我很喜欢下象棋，也颇有点天赋。小时候，父母还特地为我找了一名老师，以便将象棋学得更好。尽管我没有从事与象棋相关的职业，但这么多年来，只要有空，我都会与好友下一两盘象棋过过瘾。每年春节，我也会去看望象棋老师。

去年年初，我去拜访象棋老师。他虽然上了年纪，但依然精神矍铄。老师见到我非常高兴，聊着聊着说起了拜师那天的情形。

老师笑着问我："你还记得你来拜我为师那天，一共来了几个孩子吗？"

"三个。"虽然时间已经久远，但当时的画面依然清晰地印在我的脑海里。

老师又问："三个孩子里你的天赋最差，你知道为什么我独独收你为徒？"

我摇了摇头，老师笑着说："因为你聊天的态度打动了我。"

接着，老师笑着对我解释："你说话时落落大方，神采奕奕，一看就是有自信、有活力的孩子，自然吸引了我的注意。而且，你说话多次用到敬辞，明明白白地告诉我，你非常尊重且崇拜我。所以，我才挑你做徒弟。"

自信大方、文明礼貌，这是我家的家风，也是父母的谆谆教诲。在我的记忆里，从未见过父母在任何时候、任何场合说粗俗的话，见面会打招呼"你好"，离开时会说"再见"，需要别人帮忙时会说"请"等。健康良好的家庭环境，使我潜移默化地受到了影响。

在聊天中，我会信心十足、精神饱满地面对别人。正视别人等于告诉他：我很坦然，光明正大，毫不怯懦。这不但能给我信心，也为我赢得了别人的信任。身边不少朋友常说我很有教养，喜欢和我一起聊天，而我也为自己在他们心目中形象良好而感到自豪。

毫无疑问，一个个成功的契机就这样出现了。

工作三年后，公司的副经理职位有了空缺，领导让员工竞选上岗。当时我跃跃欲试，却面临着一个强大的对手，那就是老毕。老毕在公司待了十年，资历最老，经验丰富，脚踏实地。按照这个标准，老毕应该比我更有胜算，但最终却是我获胜了。

我赢在了哪里？答案是，赢在了谈吐上。只要与人碰面，我就会精神焕发、落落大方地走上前去打招呼，时而成熟稳重，时而俏皮幽默。那种挥洒自如的自信，总是能够调动现场气氛。这种魅力，无论走到哪里，都让我成为焦点。

我们习惯于给人"贴标签"，与客户谈业务，或者与面试官交流，我们和对方的每一句闲谈，都可能影响自己能否达到目的，比如给人留下良好的第一印象，促成合作或得到工作。所以，不要小看你嘴里说出的每句话，那些你以为的"闲聊"，恰恰是给你这个人打分的重要"试题"。

恰当的称呼，瞬间提升好感度

与人聊天时，我们常说的第一句话是什么？自然是打招呼。怎么打招呼？通常是一句"你好"，再加一个称呼。称呼运用得妥帖，不但可以为自己赢得不少印象分，而且是尊重对方的一种体现，能迅速拉近双方的距离，有效地展开话题，取得人际关系的成功。称呼不当，则会让人觉得你素质低下。

想象一下，有个人明明看上去比你还大几岁，却称呼你为"阿姨"或"叔叔"，你会是什么感受？恐怕除了郁闷和尴尬外，更多的是愤怒，想必也没有再继续聊下去的念头。

有一回，我下班回家时，看到路边有人卖葡萄，说是自己家种的，酸甜可口，绿色无污染。一问价格，三元一斤，比超市还便宜，于是就买了四斤。

途中遇到邻居，邻居问我多少钱一斤，我如实相告，邻居觉得物美价廉，便也打算去买点。

没一会儿，邻居又跑来对我说："我刚刚去那里买葡萄，一问价格却是四元一斤，这是怎么回事？"

我耸了耸肩膀说："我也不清楚。"

邻居非常郁闷地说："不行，我要去找那个阿婆说说，为什么卖给我的价格比你高？"

邻居的话让我皱起了眉头："你管人家叫阿婆？"

邻居点点头，有些不明所以。

我笑了起来："那我明白为什么我买得便宜，你买得贵了。"

邻居忙追问原因，我笑着说："卖葡萄的人看起来也就四十多岁，你管她叫阿婆，显然是将她喊老了。而我叫她为大姐，显然是将她往年轻里称呼，她听了开心，自然就便宜点卖我了。"

邻居对我的话半信半疑。我提议她明天称呼对方为大姐，看看是不是会便宜一些。果然，对方也给了邻居便宜的卖价。

恰当的称呼，能瞬间提升好感度。所以，我一直强调在交际中不仅要注意场合和语气，对特定对象还应给以恰当的称呼，如此才能保证自己在与他人的交往中更受欢迎。

大学毕业那年，我正是通过恰当的称呼，成功吸引考官的注意，得到了一份心仪的工作。

当时，我有幸参加了一家大公司的面试。虽然已经做了很多准备，但因为内心过于紧张，我在回答问题时出现了一些小错误。尽管考官没有表现出什么，但是我觉得自己可能没有什么希望了。

就在面试即将结束的时候，一位西装笔挺的男士走了进来，几位考官纷纷站起来，小声说了句："总经理，您好！"总经理朝他们点了点头，示意考官们继续面试。

知道这位男士是总经理后，我内心的紧张感反而消失了，心想："只要我能够好好表现，给总经理留个好印象，也许就能增加被录取的机会。"于是，当面试官再次提问时，我微笑着说："总经理、各位面试官，我……"

我的话让总经理和面试官都愣了一下，显然他们没有想到我会注意他们的谈话，更没有想到我会主动称呼总经理。很快，总经理朝我微笑着点了点头，示意我继续讲下去。这一刻，我的内心充满了能量，发挥得比之前更加出色，就连其他考官都露出赞赏的神色。

面试后，我恭敬地向总经理和面试官鞠了一躬，说道："总经理、各位面试官，很高兴能够参加贵公司的面试，希望能收到好消息，再见！"

　　果然，过了几天，我收到了录用通知书，也成为面试中为数不多的突围者。我知道，这和我后面的表现是分不开的。

　　后来，我和公司里的同事越来越熟悉。有一次，人事主管的话证实了我的想法。人事主管说："面试那天，你开始的表现并不是很好，回答问题时比较紧张，所以几个面试官都不看好你。可是，你之后的表现却令人眼前一亮。"

　　我笑着问道："是不是总经理来了之后，你们对我的表现有所改观？"

　　"没错，"人事主管坦言，"我们都没有想到，你会直接尊敬地称呼总经理，并且没有忽视其他面试官。在以往的面试中，其他面试者不是忽视了总经理，就是刻意讨好总经理忽视其他面试官。更重要的是，你之后的表现越来越好，能够很好地回答面试官提出的问题。"

　　最后，人事主管说："你不知道吧！后来总经理和我们说：'刚才那个男孩不错。'"

　　为什么我能够在面试中扭转劣势，赢得这份心仪的工作？除了我比较稳定的发挥，最直接的原因就是用恰当的称呼赢得了总经理的好感和注意。

　　那么，如何恰当地称呼他人呢？根据我的经验总结如下：

面对年纪较大、有身份的人，可称呼对方为"××老"，以表示尊重；如果是普通朋友且年龄稍长，可称呼"姓氏 + 哥或姐"；如果年龄相当且关系亲密，可直接称呼姓名或绰号，这会显得亲密自然；如果是年龄比自己小的人，可称呼对方为"小李""小陈"；如果是陌生朋友，可称呼为"姓 + 先生"或"姓 + 小姐"。

对于女性，一定要往年轻了称呼，能喊"阿姨"的就绝不喊"奶奶"，能喊"姐姐"的就绝不喊"阿姨"。所有女性都希望自己年轻，哪个年龄段都不例外。当然，看年龄称呼也是有尺度的，尺度过大一定会闹笑话，比如一个二十来岁的小伙子称呼七八十岁的女性为姐姐，就难免让人啼笑皆非。

此外，也可根据对方的职业来称呼，这适合职场和正式场合。比如职称或职务前加姓，"张教授""苏医生"等，以此表示尊重。在日常工作中可简化一番，如"吕师""冯导"。当你拜访某位企业家时，最好提前做好功课，了解对方的具体职位，不要将"经理""老板""总裁"等职位混淆。

自我介绍有特色，让人一秒记住你

每到一个新场合，每开启一次聊天，我们都会用到自我介绍，甚至某些特定职业的人天天都在做自我介绍。一个好的自我介绍能让人印象深刻，一下子被人记住。

你能做到这一点吗？据我观察，很多人的自我介绍没有达到这个效果。

大部分人做自我介绍时，都是简单地提及姓名、籍贯和工作，比如"你好，我叫王铭，上海人，做传媒工作，很高兴认识你"。不幸的是，这种方式的自我介绍，对方一定不会记住你，下一次见面，你在对方心目中依然是陌生人，毕竟这种开场白我们听得够多了。

刚入大学时，辅导员专门花了一节课的时间让同学们进行自我介绍。当时班里绝大多数学生的介绍是这样的：大家好，我是×××，来自哪儿，特长是什么，兴趣是什么，最后以"希望和大家相处愉快"或是"期待我们有一段美好的大学友谊"来结尾。当时我也是用这样的方式来介绍的，并没有觉得哪里不妥，但之后的一件事让我意识到一段好的自我介绍有多么重要。

那天下课后，我去食堂吃饭，恰好碰到一个新同学。我端着餐盘来到新同学的对面，笑着问："你好，沈×，我可以坐在这儿吗？"

新同学笑着点点头，然后有些不好意思地说道："对不起，新同学太多了，我一下子记不起你的名字。"

新同学的话令我感到尴尬，明明今天都进行过自我介绍，为什么我能记住对方是谁，对方却记不住我是谁呢？无奈之下，我又重新介绍了一下自己。

事后，我回忆了一下这位同学的自我介绍，他是这样说的："你别看我岁数小，但我总结了，其实人这一生可短暂啦！眼一闭一睁，一天过去了，哈，眼一闭不睁，这辈子就过去了，哈。同学们，刚刚我表演的是小品演员×××成名作中的台词。我非常喜欢×××，巧合的是，我叫沈×，还和一个城市同名。"

不难看出，沈×的自我介绍很有特色，让人记忆深刻，能让人一下子记住他是谁。从那一刻起，我清楚地意识到，与初次见面的人聊天时，一定要做好自我介绍。

具体该如何自我介绍呢？经过大量的探索与实践，我总结出一个好的自我介绍应遵循以下几点：

1. 控制好时间与长度

与人聊天时，我们所说的话应该控制好长度与时间。说的话过长，花费的时间过多，会让聊天变成一个人的独角戏，让对方感到不耐烦。如此，不仅不能给对方留下好印象，还会让聊天的氛围变差。同样的，自我介绍也要控制好时间与长度，力求简洁，最好控制在二十秒之内。

2. 真实自然还要有特色

与人聊天时，真实是打动对方的最佳武器。所以，自我介绍一定要实事求是，态度保持自然、友善、亲切、随和，整体看上去落落大方、笑容可掬，这样才能获得对方的好感。如果语气自然、语速正常、语音清晰，更能为自己加分，换来对方的真诚。

自我介绍还需要有特色，因为特色可以吸引人，令人印象深刻。这里的特色可以是语气上的抑扬顿挫、言语上的幽默等。

3. 具体形象的表达

比如告诉别人自己的职业时，应尽量把这份工作具体形象化，这样既能突出特色，也能彰显智慧。

　　这听上去似乎有些深奥难懂，我们不妨来看一个例子。主人公是一位设计师，她通常这样告诉别人："我的工作就是创造那些能够让人变美的东西。"我们第一次见面时，仅仅因为她这么一句话，我立刻对她产生了兴趣，希望有机会和她聊一聊，毕竟爱美之心人皆有之。

　　每种职业都可以有多种不同的说法，无论你从事什么职业，想一想你平常所做的事情，稍加修饰，便可以把职业变得更加有趣、鲜活：

　　"我是孩子王，每天带着一群孩子唱儿歌、做游戏，体会喜怒哀乐。"

　　"我每天都忙着拿药、打针、输液，不过都是给别人。"

　　"我是一只珍稀动物——程序猿，日日工期紧，亦为重构忙。"

　　……

　　这只是一个很小的转变，但产生的效果却截然不同，人们往往会眼前一亮，立马记住你，并且聊天也就顺利展开了。

要想寒暄到位，牢记四字真言

会聊天的人，三言两语就能聊得兴趣盎然。那么，会聊天的人通常是怎么开始聊天的呢？答案就是寒暄。

所谓寒暄，就是闲聊或问候。很多聊天是从寒暄开始的，在谈话双方还不算熟悉的情况下，恰当的寒暄不仅可以打破初次见面的尴尬和疏远感，还可以让彼此找到可以聊的话题，让交谈气氛更加活跃，从而拉近彼此的距离。疏离感消除了，心理距离拉近了，谈话自然也就顺畅了。

回想一下，你是怎么跟别人聊天的？是先来一段生硬而毫无特色的自我介绍，还是想一个令人尴尬到恨不得找个地缝去钻的话题？抑或结结巴巴、别别扭扭地表示想和对方交个朋友？很显然，这样的开场绝不会给人留下好印象，对方回应给你的也将是漠然。

实习期间，我做过销售打印机的工作。我深知自己社会经验不足，也知道销售是个艰辛的职业，所以白天努力工作，晚上学习并总结，将销售话术记得滚瓜烂熟，也将产品研究得十分透彻，自认为可以做得很好，但客户却总是不买账，业绩也一直提不上去。

与此同时，我发现同部门的同事小安业绩一直遥遥领先，而且，对于新客户，我通常要拜访四五次才有可能成交，小安则不一样，他和客户第一次见面就能让对方印象深刻，不仅乐意购买产品，还主动给他介绍客户。

问题究竟出在哪里呢？为什么我做不到这种程度呢？

为了搞清这个问题，我主动向小安请教："为什么客户第一次见面都那么喜欢你，我却做不到，我是不是天生就不是做销售的料？"

小安问我："每次见到客户，你是如何推销的？"

"见到客户时，我会十分恭敬地问对方：'请问您需要一款打印机吗？'"

小安摇摇头说："一见到客户就直奔主题谈推销，会给人一种唐突的感觉，大多数人会毫不犹豫地拒绝，你需要先寒暄一下。"

"我也经常寒暄，'你吃过饭没''最近好吗''今天天气不错'等。"我解释道。

"这些过于平淡了。"

小安十分慷慨大方，无私地将自己的"秘诀"传授给我，"见到事业有成的老板，我会这样说：'您就是张总吧？真高兴见到您！我早就听过您的大名！'见到人民教师，我会说：'原来您是辛勤的园丁啊！我从小就想成为一名教师，可惜没能如愿！见到您，真的太高兴了！'这些寒暄是不是能马上拉近彼此的距离呢？"

原来如此，我明白了：寒暄是聊天中的"开场白"，千篇一律的寒暄说得多了，听得多了，大家都有些麻木，所以无法给对方留下深刻印象，甚至会觉得这是习惯性应酬，没有交谈下去的兴趣和必要。一个恰到好处的寒暄，不但能吸引对方的注意，而且将直接影响交流是否顺畅。

明白了这一点，我开始将恰当的寒暄融入与客户的交流之中，在生活中也时时处处运用，结果事业和人际都有了喜人的表现。

所以，与人交往时，尤其是与陌生人第一次谈话，千万不要忽视开场的那几句寒暄。寒暄到位，说得漂亮得体，你就能瞬间赢得别人的好感，促使谈话更好地进行下去。

那么，如何寒暄才不会令人感到突兀呢？这里需要遵循四字真言，即真、实、境、色。

真，是指真挚的感情。与人寒暄时，嘴上说"你好吗"，脸上却没有关心的表情，这会让对方感受不到关心，还会不自觉地认为你是一个虚伪的人。人是情感动物，真情也是相互的，只有你先给对方真情，对方感受到以后才会回馈你真情。所以，寒暄时要真心实意地问候对方，做到话语与表情相一致，这样才能在他人心中留下一个好印象。

实，是指寒暄时实事求是，内容具有实质性。比如，询问工作和身体状况是常见的寒暄方式，但一定要基于现实。"最近工作顺利吗"和"最近有没有赚个五百万"，对于一个不怎么熟悉的普通人来说，前者切合实际，能让人感到被关心，也能迅速拉近彼此的距离；后者则不现实，让人有种被调侃的感觉，继而生出厌恶情绪，推远彼此的距离。

境，是指与人寒暄时要结合具体的环境和情况，否则效果会适得其反。比如，当你察觉到对方脸色不好或心情不佳，适当寒暄一两句即可。

色，就是寒暄时明确自己的角色定位。比如求人办事，我们是次，对方是主，简单寒暄过后就要简明扼要说出自己的目的。倘若寒暄时间过长，兜兜转转才说出目的，会让对方感觉你很虚伪。

学会运用微笑的神奇魔力

前两天，表妹来我家做客，一进门，我就发现她脸上明晃晃地写着"我不开心"几个大字。

原来，上个月表妹搬新家，她所住的楼层有三户人家，而且都是在同一天搬进去的。碰面时，三人相互打了招呼。表妹也弄清楚了，隔壁的邻居叫小郑，对门的邻居叫小宋。

没过几天，小宋家在办喜事。表妹想，三户人家成为邻居也算有缘，以后还要相处几十年。俗话说得好，远亲不如近邻，说不定以后要互相帮点小忙，所以她想去小宋家贺喜。她还特地询问了小郑，小郑也正有此意，于是两人就一起过去了。

小宋家挤满了亲朋好友，由于人多，他们没多说什么，只对新人小宋说了句"恭喜恭喜"，表示祝贺，就离开了。

第二天早晨，表妹正准备出门，听见有人敲小郑家的门，原来是小宋约小郑中午出去吃饭，小郑欣然同意。表妹心想，小宋接下来应该会来敲她家的门，但她等了半天也没有人来。

表妹的郁闷由此而来。她不解地问我："我和小郑去小宋家说的都是一样的话，为什么小宋邀请小郑吃饭，却不邀请我呢？"

我听后不由一笑。这位表妹头脑聪明，长得也很漂亮，脾气非常好，美中不足的是她平时不爱笑。熟悉她的人还好，不熟悉她的人难免认为她有些高傲。

比如她去恭喜邻居结婚，不用问，我都能想象她可能嘴里说着"恭喜"，脸上却没有喜悦的表情。而邻居小郑在说"恭喜"时，脸上的表情一定是喜悦的。

表情与话语不符，会给人一种言不由衷或牵强之感。表情与话语一致，才能让人感到真诚。如此一来，也就不难理解为什么小宋邀请小郑而不邀请表妹了。之后，我安慰表妹日久见人心，相处久了，邻居自然会发现她的好。当然，最重要的是要学会说话时面带微笑。

俗话说得好，"伸手不打笑脸人"，一个人面带微笑，开口时必然不会引起对方的反感情绪。只要带着真诚的微笑，也会让对方觉得舒服，良好的聊天氛围不知不觉就营造出来了。

尤其是在与陌生人聊天时，若想给对方留下好印象，首先要让对方感受到你的善意。每个人面对心怀善意的人，也会本能地以善意来相待。而表达善意并不需要多么动听的话语，只需要一个微笑即可。

这就像一位学者说的："笑是两个人之间最短的距离，一个微笑足以消除冷漠，一个微笑足以温暖一颗心。"

老家镇子上有一家酒店，虽然面积不大，装修普通，但生意极好，哪怕是淡季，入住率也能达到七成。酒店工作人员接待客人时，都会微笑着说："欢迎光临，祝您愉快！"然后递上一张名片。名片正面是酒店老板的姓名与联系方式，背面是个卡通笑脸，旁边还有一行字："您微笑，世界会跟着您微笑。"

我早就听闻这家酒店的大名，如今看到工作人员和名片上的微笑，很疑惑老板为什么如此在意微笑，于是追问："您为什么如此看重微笑服务呢？"

酒店老板很随和，他笑着说："这跟我早年的经历有关。我以前不是做酒店生意的，而是一名建筑商。因为赶对了时候，没几年生意就发展起来了，我也成了响当当的人物。可是，我这个人喜欢紧绷着脸，认为这是一个人头脑冷静、思维敏锐的表现。然而，正是这个表情，让我栽了不少跟头。"

见我露出不解的神情，老板解释说："员工们知道我不苟言笑，每次见到我就像老鼠见到猫一样，能躲多远就躲多远。还有我的客户，他们知道我不爱笑，开始还能接受，时间长了也开始有看法。有个客户甚至说：'大家都是在商场中打拼的人，凭什么他总摆出一副高人一等的臭脸，我以后不会再和他合作了。'"

"那个客户真的没再和您合作了吗？"我问。

"是的，不只是这个客户，好几个客户都不再跟我合作了。我当时分析认为，丢了几单生意，危机并不大，只要坚持半年就能挺过去。让我意想不到的是，员工们得知公司有危机，纷纷跳了槽。而我的老客户听闻公司员工流失的消息，纷纷表示不愿意再和我合作。即使我给员工提高工资，给客户降低价格，也没能留住他们。仅仅一个月，我的公司就破产了。"

说起这些，老板依然微笑着，仿佛说的是别人的故事。"因为我不懂得微笑，别人都远离了我。等我再次创业时，我将微笑放在服务理念第一条。多么神奇，只是简单的微笑，就能拉近人与人之间的距离，这比说任何话都动听，都有效。"老板认真地说着，之后又给了我一个真诚的微笑。

生活就是一面镜子，你对它微笑，它也会对你微笑。同理，你给他人一个微笑，别人回应给你的同样也是微笑。学会先微笑后开口，可以让一切交流变得顺畅。

当然，微笑是有标准的，它不是嘴角上扬露八颗牙齿那么简单，更重要的是内心深处流露出来的情感，是从眼睛里流露出来的善意和理解。它所传递的信息是温暖、礼貌、友好的。微笑要恰到好处，把握好尺度，才能让人觉得舒适。这种掌控微笑的技巧，正是你的个人魅力所在。

学会搭讪，让陌生人无法漠然

搭讪，就是主动和陌生人交流。可以说，搭讪的好坏几乎决定了聊天能否顺利进行下去。粗糙的搭讪会让人产生距离感，精致的搭讪则可以让人与你一见如故。

想必你也有过这样的体会：和一个人初次见面时，搭讪的最初几秒钟形成的印象最强烈。如果一个人一开口就让你觉得索然无味，留下不美好的印象，继而产生拒绝交流的心理，这次交谈将以失败告终。

因此，如何用开场几秒钟的搭讪快速引起对方的兴趣，是我们首先要考虑的问题。

下面我先讲一个自己搭讪的故事。

我们公司楼下开了一家湘菜馆，因为菜品很有特色，味道也不错，生意十分火爆，尤其是晚餐时间，顾客还要排长队。这天，我邀请一位故友前来相聚，下班后我早早就来到湘菜馆取了号，然后在休息区等待叫号，顺便等下班的朋友。

半个小时后，我接到朋友的电话，说他已经到了附近，可是找不到具体位置。无奈之下，我决定出去接他。

我看了一下自己取的号，发现再过两个号就要到自己了。等我出去接到朋友，这号恐怕就会过了，还得重新再排队，除非有人愿意替我暂时排一下队。这时，我注意到坐在旁边的一对小情侣。

我当下有了主意，想请这对小情侣帮我排一下队，但我和他们素不相识，怎样搭讪才能让他们愿意帮忙呢？

仔细观察后，我发现这对小情侣正一脸苦恼地看着菜单，显然是在头疼要点什么菜。我脑子一转，笑着礼貌地说："你们好，你们也是慕名来尝这家的菜吗？"

"是的。"小伙子点了点头，似乎不愿意多谈。

"那你们算是有口福了，这家饭馆的菜真的特别好吃，保管吃过一次，下次还想来吃。"我极力夸赞饭馆的菜品。

女孩似乎来了兴致，问："听你这么说，你经常来这家饭馆吗？"

"是的，同事聚餐经常来。"我说的并不是假话，"如果你们相信我的话，我可以给你们推荐几款味道不错的特色菜。"

"那可真是太好了，我们正不知有什么好吃的。"小伙子笑着说。

我笑着拿起菜单，介绍起这家饭馆里口碑、味道都不错的菜。推荐了几款后，我向外张望了几下，小情侣见状，问我是不是有什么事。我将朋友找不到这家店的事情告诉他们，没等我开口请求帮忙，他们便主动说帮我排一下队。

就这样，我让初次相识的陌生人帮我占号，自己去接朋友。等我们赶回来时，发现果然已经报到了我的号。在询问小情侣后，我找到了对应的餐桌，和朋友顺利吃了晚餐。

用餐期间，我将这件事告诉朋友。朋友听后颇有感触地说，有一次他也在排队，突然肚子痛想上厕所，便想找个陌生人帮自己排一下队。但别人却果断拒绝了他。我很好奇朋友说了什么，朋友无奈地说："我当时说：'你好，能帮我排下队吗？'结果，对方上下打量了我一番，冷漠地说：'凭什么？我们认识吗？莫名其妙。'然后就不再理我了。"

为什么我能让素不相识的小情侣乐于帮忙？原因就在于，来饭馆吃饭的人，最关注的就是菜品，想知道哪些菜最好吃。所以我从菜品入手搭讪，通常不会出错。

面对陌生人，人们都会有警惕之心。这就好比在心灵的大门上加上一把锁，聊天时好的搭讪则是打开心灵之门的钥匙。只有将对方的心门打开，对方才会真心实意地与我们聊天。如果没有将对方的心门打开，对方不仅不会真心去聊，甚至我们所说的每一句话对方也是充耳不闻。

可见，搭讪也有一些技巧：

1. 找到对方感兴趣的话题

搭讪的第一句话非常重要，它关乎对方是否愿意继续与我们交谈。通常来说，每个人都愿意谈自己感兴趣的话题。如果能用对方感兴趣的话来搭讪，一定会得到对方的回应。

看到这儿，可能很多人会问，初次见面的陌生人怎么得知其兴趣爱好呢？答案是仔细观察。观察彼此所处的环境，然后思考对方的需求，或者观察对方的行为举止、服饰爱好等，只要你观察得足够仔细，一定能找到对方感兴趣的话题。

2. 行为举止要自然得体

与人搭讪时，友善的眼神、真诚的微笑都要到位，这样才能让对方产生一种"对方很真诚""我被重视"的感觉，赢得对方的好感，能够为成功搭讪增加砝码。如果搭讪时神情紧张、眼神闪烁，会给对方以不友善、不真诚的印象，继而对我们的搭讪视若无睹甚至心生戒备。

当然,搭讪还有一些别的技巧,需要我们在实践中不断摸索,只要能让别人对你印象良好,并且愿意和你聊天,就算是成功的搭讪了。

第三章

开场的三言两语，是有效聊天的伏笔

☑ 一开口就是金句，一语定乾坤

☑ 投其所好是打开"心门"的钥匙

☑ 短时间巧妙吸引，全靠"引子"找得准

☑ 有悬念才能激发对方的好奇心

☑ 赞美像魔力，走遍天下都不怕

☑ 主动聊天是成年人的必修课

☑ 为什么热情的人总是好运连连

一开口就是金句，一语定乾坤

任何一场战争，如果能在一开始就抢占先机，获胜的概率就会大大提高。这是因为，最初的先机能够让你掌握主动权，有足够的时间和精力应对各种问题，并且在气势和战斗力上压倒对方。

与人聊天也是如此。想要和对方进行良好的谈话，必须有一个好的开始，抢占先机。一旦我们说不好第一句话，对方就会产生很强的戒备心理。这时我们将处于劣势，之后即便想尽办法，说出再好听的话，恐怕也无法扭转局面。

小田大学毕业后，在一家销售公司担任客户专员。起初他对自己信心满满，相信通过自己的努力一定能做出一番成绩。可没过多长时间，他就失去了这种信心，开始怀疑自己的能力，因为他总是遭到客户拒绝，很多时候甚至是刚开口就被拒绝。

小田不得已，找到部门主管诉说自己的苦恼和困惑，并询问主管有没有什么好办法。

主管笑着说：“你不用着急，很多刚入行的职员都会有类似的困惑，你可以把自己和客户交谈的情况说一说，我来帮你分析一下。”

小田想了想，说起拜访某个客户的经过：“昨天，我拜访了一个客户，一进门就客气地说：‘先生，您好！不好意思，周末还来打扰您！请问您现在有时间吗？我想……’可是我的话还没有说完，就被他拒绝了，他说：‘不好意思！我现在没有时间，马上有急事需要处理，你下次再来吧！’”

小田说完之后，主管问：“接下来你是如何做的，转身就离开了吗？”

小田无奈地说：“对啊！对方已经明确表示没有时间了，我怎么还好意思继续打扰下去呢。”

主管笑了笑，说道：“其实，你这次拜访之所以失败，是因为你第一句话就说错了！”

小田不解地问道：“为什么？”

主管说：“首先，从一开始你就把自己放在被动的位置，认为拜访对方是对对方的打扰，而不是给对方提供帮助。最重要的是，你的第一句话给了对方拒绝你的理由。如果你问

'你有时间吗'，对方自然会说'没有时间'。所有人对不了解、不熟悉的人，都存在排斥心理。"

听到这里，小田好奇地问道："那么，我应该怎么说第一句话呢？"

主管说："你只要换种说法就可以了，比如说：'先生，见到您非常高兴，祝您周末愉快！'听到这样的话，哪个人心里不高兴？即便想要拒绝，也不好意思！"

小田兴奋地说："原来说话还有这么多学问啊！"之后，他按照主管的建议去做，业务开展果然顺利很多。

没错，第一句话往往直接决定谈话的成败，因为它决定了对方对你的好感度。小田之前的失败就是因为他没有说好第一句话，没有赢得对方的好感。

一句"不好意思，周末还来打扰您！请问您现在有时间吗"，别人会想"明明知道是打扰，你为什么还要来呢"，疏离感就这样产生了，随之还会产生反感和排斥感。这样一来，谈话的大门就关闭了。

主管的建议虽然只是稍微变了一下说法，效果却完全不同。一句"见到您真高兴"，一下子拉近了彼此的距离，接下来的谈话自然顺利很多。

生活中，有些人总能和陌生人一见如故，迅速拉近距离，原因就在于他们一开口就是金句，可以说是"一语定乾坤"。

　　我有一位好友是一名记者，采访过很多知名人士。有一次，他要去采访一位著名的相声演员。但是，这位相声演员只热衷于表演相声，对任何采访都不感兴趣。好友在采访这位相声演员前，也听说过他不接受采访，但好友不愿轻易放弃。

　　见到这位相声演员后，好友只说了一句话，就让相声演员热情地接待了他。好友当时说的话是："您好，我是一个相声迷，很欣赏您的表演。但此刻我不想谈论您的相声表演有多么出色，只是想和您探讨一下您在演出时需要注意的一些细节。"

　　仅仅因为这句话，相声演员破例接受了好友的采访。

不难看出，好友之所以能够成功采访，正是因为第一句话说得好。这句话表现出他对相声的喜爱，营造出了共同的兴趣爱好，自然能够博得对方的好感。

　　所以，与人聊天时，尤其是与陌生人聊天，一定要重视开场白，让对方觉得你很有趣，对你产生好奇心，并从中获得自我满足。满足了这几点，你就能快速赢得对方欢心，使谈话顺利进行下去。

投其所好是打开"心门"的钥匙

我有一位大学校友,毕业后开了一家小工厂。令人吃惊的是,他只用了短短两年,就将一个小工厂发展成了一家大企业。

问起他为什么能将生意做得那么大,校友直言不讳地说:"如果成功有秘诀的话,那就是在跟每一位客户交谈前,事先打听他们的兴趣爱好,然后投其所好。每次用这样的方式交谈,我总能博得客户的好感,让客户在不知不觉间卸下心防。接着我再真心相谈,开出有诚意的条件,一桩生意就做成了。"

投其所好是一个老生常谈的话题,就好比送人礼物,要送对方喜欢的东西;请人唱歌,要点对方擅长唱的歌;请人吃饭,要点对方喜欢吃的菜。同样，聊天也要从对方的兴趣、爱好入手，打开与对方真诚交流的那扇门。特别是与初次相识的人聊天，投其所好尤其重要。

可能有人会怀疑，投其所好去聊天，真的能创造出良好的"聊效"吗？答案是肯定的。

猫喜欢吃鱼，狗喜欢啃骨头，如果你把这些东西送到它们面前，它们一定会做出友好的表示。聊天中，如果有人谈及我们喜欢的事情，这种相似性会使我们的心理防卫降低，产生"大家是一类人"的安全感。哪怕是第一次聊天，也会有一见如故、相见恨晚的感觉。

不妨回想一下身边让你有好感的人，以及你和他们相处的日常，找找看这些人的共同点，你会发现，他们未必都能言善辩，但总是能三言两语说出你爱听的话，引发你交谈的兴致。

校友小罗很有才华，还没毕业就收到了好几家企业的录用通知书。不过，他选择了自己创业，开一家甜点店。事实证明，有能力的人做什么都能做得有声有色。小罗将甜点店经营得很好，不仅开了几家分店，还与一些饭店合作，让自己的点心出现在饭店的菜单上，成功拓宽销售渠道。

当地有一家比较知名的饭店，是小罗重要的目标客户。但是，饭店经理非常固执，一连半年，各甜点店的业务员每隔一段时间就会打电话游说饭店经理，有人积极参加饭店经理组织的宴会，有人甚至在该饭店订房间住下，以便做成这笔生意，但他们都失败了。

小罗得知情况后，问了好几个与那个饭店经理相熟的人，打探出饭店经理喜欢登山的兴趣爱好，并提前得知他最近要攀登哪一座山。随后，小罗报了同一个旅游团，成功在同一辆旅游车上"偶遇"了饭店经理。

见到饭店经理后，小罗没有急着推销自己的甜点，而是笑着打招呼，询问对方一些登山技巧，登过哪些高山。饭店经理也很热心，将自己登过的高山如数家珍，一一道来。两人谈了半个小时，饭店经理的语气中充满了热忱，还询问小罗是做什么工作的。

小罗简单介绍了自己的工作，但没有提到任何关于合作的事情。登山之旅结束时，饭店经理拍了拍小罗的肩膀，让他改天去饭店详谈合作之事。

不难看出，小罗之所以能够谈成这笔生意，正是因为他能够投其所好，用心找出饭店经理的兴趣所在，从而让对方感觉到善意和友好。

打个比方，如果我们跟一位画家聊天，可以围绕画来聊，说一说对方作品的优点；如果与一位篮球迷聊天，可以围绕球赛、球星来聊，夸一夸对方最喜爱的球星，或者评论一场球赛的出彩之处；如果和一位科学家聊天，可以围绕科学来聊，并对科学家的一些想法表示肯定。

只有投其所好，你的话才能在对方心中产生作用。所以，说话之前最好思考一下：这样说会不会让别人感到快乐或者乐于接受？如果你能用心去引导别人谈论他感兴趣的事情，比如他的事业、擅长的运动等，就会让对方产生一种亲切感，即使你的话不多，你的谈话也会被认为是有效的。

短时间巧妙吸引，全靠"引子"找得准

　　我们身边可能会有这样一些奇特的人，无论在什么场合，面对什么样的人，他们总能在短短几分钟内就聊得热火朝天，一下子拉近彼此的距离，与对方仿佛是相识多年的好友。也有一些人怎么聊都无法获得对方的好感，聊得枯燥无味，不是令自己尴尬，就是令对方尴尬。

　　同样是与人聊天，为什么前者能与对方聊得亲密无间，后者则聊得意兴索然呢？原因就在于有没有一个好的"引子"。

　　有一年春天，我去一个偏远的小山村采风。乘火车回北京时，邻座坐着一个中年大叔和一个年轻小伙子。小伙子看起来不到二十岁，地方口音很重。令人惊讶的是，这个其貌不扬、看上去没有多少社会阅历的人，居然是个聊天高手。三言两语间，他就在火车上为自己找到了一份工作。

小伙子很有礼貌，一进车厢就简单介绍了一下自己，并让同车厢的我和那个中年人称呼他为小秦。我礼貌地回了句"你好"，中年人仅点了点头，然后车厢便安静下来了，我继续看手里的书，中年人则继续玩自己的手机。

原本我以为火车开到目的地前，车厢里都会这么安静，但小伙子再次开口后，车厢里的安静就一去不复返了。小伙子看了看中年人的行李，礼貌地说："叔，您这个包是建筑工人专用的工具包吧？看您洗得干干净净，一定对它很有感情。"

中年人一听立马来了兴致，笑着说："感情深着呢！这个包我带在身边十多年了。"

"这么说，您做建筑这行十多年了？"小伙子问。

"是呀。"中年人回答。

这时，小伙子颇为无奈地叹了口气，笑着说："我爸跟您一样，也在工地做了很多年。您瞧，他听说我要出门打工，还把他的包传给了我。"

中年人看了下小伙子的包，说道："这种包结实耐用，比外面卖的好多了。"

小伙子叹了口气，说："再好又有什么用，我想我是用不着了……"

中年人不解地问道："怎么就用不着了？"

"您有所不知，我爸生病了，还没有传授给我手艺呀！"小伙子沮丧地说。

中年人笑着说："这简单，我在北京的一个建筑队工作，你想学手艺的话，可以跟我学。当然，前提是你信任我。"

小伙子咧着嘴笑道："信，当然信，咱们农民工最淳朴，从来不说假话。等到了您说的地儿，我要正儿八经地给您行拜师礼。"

之后，两人热火朝天地聊了起来。

一个刚刚走出大山的年轻人，在火车上跟人聊了一会儿，不仅找到了一份工作，还为自己找了一位师傅。

从表面上看，这个年轻人是不经意间找中年人聊天的，实际上却带有目的，他所说的每一句话都一环接一环。比如，他用中年人带在身边的工具包作为"引子"，引起中年人的注意，接着提及自己的父亲，建立起彼此的关联，让中年人放下防备之心，一步一步达到自己的目的。

事实上，任何交谈都是有技巧的，只需要找一个"引子"，然后过渡到"主题"。渐渐地，一见如故的感觉就产生了。那么，聊天时如何找到合适的"引子"呢？说白了就是以一个好的切入点进入谈话，如此不但可以让对方放下戒备，还可以在谈话中引导出更多的话题。

小陈是一家化妆品公司的销售人员，每天都会挨家挨户地推销。不过，上门推销的方式不但招人厌烦，而且容易让人产生怀疑，所以这家公司的销售人员业绩都不太好。但小陈却是一匹黑马，每个月的销售业绩都遥遥领先。令人惊奇的是，她的客户很多都是回头客。

这天又是发工资的日子，销售业绩再次垫底的小李十分羡慕小陈，忍不住问她："我们做上门销售的，人家一听我们要推销产品，不等我们说完话就说不需要，脾气不好的直接赶我们走，你是怎么成功完成推销任务的呢？而且，你的客户里有很多都是回头客！"

小陈听了笑着说："如果你想知道其中的门道，今天就跟我跑一天吧！"

小李二话没说就答应了。之后，她们两人来到一个小区，

小陈没有急着进楼栋，而是在楼下观察了一下每户人家的阳台。然后，她选择了一户阳台上挂满婴儿服的人家，用柔和的力道敲响大门，然后礼貌地问道："有人在家吗？"

"谁呀？"门内传来年轻女性的声音。

"是我。"小陈没有说自己的名字。

很快，一个女性打开大门，她看着小陈，像是在思索来人是谁。这时，小陈用亲切的口吻说："我刚刚在楼下看到您家阳台上挂满小宝宝穿的衣服，这些衣服的款式既可爱又漂亮，我就想问问您是在哪儿买的？"

女主人听到别人谈起宝宝的话题，微笑着礼貌地问："不好意思，我想了一下，并没有见过你。请问你是谁？"

小陈说："我是小陈，在一家化妆品公司工作，这是我朋友小李。我们今天正好休息，走到您家楼下看到那些漂亮的小衣服，实在没忍住就想问一问您在哪儿买的，我也想给我家宝宝买两套。"

这时，男主人抱着孩子走了过来。孩子长得白白胖胖，十分惹人喜爱。小陈抓住时机说："您家孩子长得真好，您是自己做辅食给他吃吗？我可以向您请教吗？"

"可以！"女主人似乎很喜欢聊和孩子有关的话题，还邀请小陈两人进去坐一坐。

就这样，以孩子为"引子"，小陈和女主人聊了一会儿，笑语不断。其间，小陈看似不经意地对女主人说："我看你脸上长了好多斑，应该是生孩子之后长的吧？"

"是的，我现在都愁死了，用了好多祛斑的产品都不行！"女人说。

"我给你推荐自己用的祛斑产品，保证有效果，我自己的脸就是广告……"之后，小陈发挥自己的专业能力，成功地让女主人购买了两套化妆品。

之后，小陈又去拜访了好几户人家，每一次她都能找到聊天的"引子"，比如："您家阳台上的花儿怎么养得那么好？""看天气快要下雨了，您家的窗户没关严。"几乎每去一家，她都能销售一套产品，小李看得目瞪口呆，不禁对小陈敬佩不已。

这就是"引子"的魔力。生活中，你可能经常会遇到上门推销的销售人员。当你打开门，他们就会开始千篇一律的旁白："你好，我是某某公司的销售员……"之后又用专业术语介绍产品的功能与优点。碰到这样的销售人员，十有八九你会不等他把话说完就拒之门外。毕竟稍微有点警惕心的人都不会相信陌生人推荐的产品，哪怕产品真的很好，也不会立刻购买。

小陈没有急着推销自己的产品，而是先观察环境，其实也是为销售产品找"引子"、做准备。这些"引子"可以是婴儿服、辅食、花儿等，一切对方可能感兴趣的事物和话题，等营造了一个良好的聊天氛围后，再自然地引入自己要说的主题，如此通常能比较顺利地达成自己的目的。

当然，想要找到好的"引子"，还要掌握一定的沟通技巧：

一是卓越的观察能力，通过对方的面部表情与身体语言观察对方的心理需求，采取相应的对策；二是储备足够的知识，灵活机动，见机行事，充分利用各种有利因素，采取合适的表达手段，从而达到好的"聊效"。

有悬念才能激发对方的好奇心

与人聊天，如果你一张口别人就能猜到内容，势必让人觉得索然无味，倾听者又怎会愿意浪费时间来听呢？

"文似看山不喜平"，当我们看一部电视剧时，几乎每一集的结尾都会留下一个悬念；当我们听评书时，每次结束都会卡在重要关节上。这样设置就是为了增加悬念，抓住观众的好奇心，让他们能继续看下去、听下去。

每个人都有着强烈的好奇心，对自己不了解的事情充满了探索的欲望。这是人类的天性，也是所有人行为动机中最强烈、最有力的一种。换句话说，我们想要一开口就打动他人，促使谈话顺利进行下去，必须激发对方的好奇心。

很多善于聊天的人和高超的演讲者都是这方面的高手，他们总是能够很好地利用别人的好奇心，或是设置悬念，或是提出对方感兴趣的问题。

小李是某广告公司的设计总监，拿过很多广告大奖。他常常挂在嘴边的一句话就是："做广告，你得吊足别人的胃口，勾起对方的兴趣，这样才有效果。"

在一次公司的教学培训上，小李给员工播放了一则自己设计的广告案例：

在黄沙漫漫的大西北，一条笔直的公路在沙地中延伸至天边。这里人烟稀少，只有一个小伙子站在路边，身后是一辆车。他不停地朝路过的车抬手，然后放下，再抬手，再放下，似乎是想要搭乘顺风车。

终于，有一辆车停在了小伙子的面前，车窗摇下之后，只见车里坐着四个人。小伙子十分焦急地问道："你们有'××'吗？"车里的人面面相觑，一脸茫然地问道："'××'是什么？"小伙子摇摇头没有说话，一车人带着疑问离开了。

到这里，广告的第一段就结束了。员工们都非常纳闷，这到底是宣传什么的？里面说的"××"又是什么东西？怎么什么都没说明白！

在大家的催促下，小李又播放了广告的第二段，场景换了，但依然是那个帅气的年轻人，还在寻找神秘的"××"。

大家都聚精会神地看着，试图找到关于"××"的蛛丝马迹，很可惜这段广告依旧没有揭晓答案。员工们的好奇心越来越浓，恨不得小李赶紧揭晓答案。

看到这里，你是不是也对这个广告十分好奇，想要知道里面说的"××"究竟是什么。

见广告已经成功勾起员工们的兴趣，小李笑着解释道："当时这个广告勾起了很多人的好奇心，不少人还专门到网络上搜索'××'这个关键词，试图找到线索。大概在一个月之后，随着一款新产品的面世，'××'的神秘面纱终于被揭开。你们能猜到吗？它是一家公司出产的一款轮胎。"

听到这里，大家纷纷感叹这款广告的奇思妙想。

小李接着说道："广告时间非常有限，一则成功的广告，必须能在第一时间就吸引住别人的视线，在最短的时间里让人印象深刻。所以，我们做广告的时候，必须学会设置悬念，让别人对你的广告产生兴趣，从而主动地了解、探索，这样你要讲的内容才会有人听。"

我们与人聊天，为的是与对方建立感情，拉近彼此的距离，从而让对方愿意接受我们的意见或想法。要做到这一点，首先要让对方愿意倾听我们所说的话。简单来说，就是我们必须让对方对接下来的谈话内容产生期待和兴趣，这和做广告其实非常类似。

不同的是，广告推销的是产品，聊天推销的则是我们自己。

小高是一名优秀的企业家，曾在全国各地做巡回演讲，谈论有关创业的事情。演讲时，他时常这样开场："在创业的过程中，我遇到了一生中最让我震惊的一件事情。"这样的开场会对听众产生什么效果呢？

当时我也在场，亲眼看到了听众的反应——他的话立刻引起了大家的注意，人人都急着想要知道他为什么会震惊，又是怎么应对的。

我和小高认识多年，至今还记得与他初次见面的情景。当时他表现得十分苦恼，我很好奇，就问他有什么烦心事。

小高说："前几天，我做成了一笔生意。"

做成生意本来是值得高兴的事，可小高却为此烦恼，这是为什么呢？我好奇地问道："生意都做成了，还有什么好苦恼的呢？"

小高回答："如果你是我，就不会这样想了，想听听吗？"

我当然想听，小高娓娓道来。不知不觉间，我俩相谈甚欢，陌生感渐渐消散。

小高无疑是一个聊天高手，跟我聊天时，他设置了好几个悬

念，每一个悬念都引起了我的好奇，让我主动地了解、探索，随着两人聊得越发深入，不知不觉也就成了朋友。

在制造悬念时，我们可以利用一段比较离奇的故事或者一次不凡的冒险，把最吸引人的信息先抛出来，吊足别人的胃口，激发别人的兴趣并加以关注。如果能成功做到这一点，谈话就成功了一半。

赞美像魔力，走遍天下都不怕

　　同学小李貌不惊人，但他常常能给人带来一些正能量，说出的话也具有很强的感染力，很容易打动人，让人开心起来。

　　有一回，小李来我家中和我谈一些事情，吃个便饭。因为忙着准备食物，我便让他在客厅与儿子玩耍。我原本以为这一大一小无话可聊，谁知他们却聊得热火朝天，甚至儿子还愿意将最喜爱的玩具分享给小李。

　　吃完饭后，小李说要回去了，我便送他去门口。让我意外的是，往常需要我喊着才过来送客人的儿子，这一次居然主动跑来送别，而且眼中满是不舍，他挥着小手说"再见"，并一个劲地让小李多来家里玩。听到小李说"好"，他的脸上才重新浮现出笑容。

小李走后，我好奇地问儿子："你很喜欢李叔叔吗？"

我这么问是有理由的，因为平时家中来了客人，儿子只会礼貌地打声招呼，然后自顾自地玩自己的玩具，从来没有像今天这样。

儿子听了，毫不犹豫地回答："喜欢。"

"你为什么这么喜欢他呢？"我又问。

儿子想了一下，说："因为李叔叔说我就像超人一样厉害，他还夸我聪明，积木搭得超级棒。对了，他还说我长大后一定会成为一名出色的建筑师。"

听儿子说完，我不禁想起了一句话："人类本质中殷切的要求是渴望被肯定。"被肯定的直接表示就是赞美。赞美的能量超乎你的想象，从孩子到老人，从男人到女人，没人会拒绝被夸赞。

与人聊天时，给他人一句赞美会产生多大的魔力呢？它会让人心情愉悦，不由自主地对赞美自己的人产生好感，促进人与人关系的发展。

当然，赞美也是有讲究的。人有千面，没有谁会喜欢千篇一律的赞美。比如，有时我们会发出这样的赞美，"你是个了不起的人""你很勤劳""你是个好人"，这些虽然也是赞美，但内容却有些空洞，听起来像是敷衍了事。还有的赞美非但无法引起被赞美者的注意，甚至会令人感到厌恶。

　　所以，既然要赞美，就要让对方从你的赞美中感受到快乐、满足，不落俗套，从而让对方感受到你真诚的心。比如，夸赞一个人勤劳，可以说："你的家收拾得一尘不染，东西摆放得井井有条。"这样的赞美既不会落了俗套，又能让别人体会到你赞美时的用心。

　　　　小陈是一家传媒公司的外联人员，刚刚上班不久，此前她做了近十年的全职太太。虽然她工作的时间不长，年龄也比较大，但却拥有非常广泛的人脉。

　　　　传媒公司人多事杂，最难做的就是外联人员的工作，可小陈却在业内受到众多前辈和领导的夸奖。

　　　　"小陈人长得真漂亮。"

　　　　"小陈的口才真好，嘴巴甜，一般人还真抵挡不住呢！"

　　　　……

　　　　虽然大家评价不一，但小陈知道自己人脉积攒迅速的原因只是比别人多用了一些小技巧而已。在职场打拼，很多人都明白赞美的好处，小陈也不例外，更难得的是，她的赞美让人听着十分舒服。

　　　　比如，一个同事刚买了条新裙子，大家围在一起，夸着漂亮、合适等，小陈则一边仔细欣赏一边点头说："裙子剪裁得体，勾勒出你纤细的身条；颜色比较温和，把你的肤色衬托得比较白……"同事听了，高兴得合不拢嘴。

再如，她每次开发一个新公司的合作项目，总是以欣赏的态度与对方交流，以至于一位令业内人士头疼的"大神"级人物，也对小陈赞赏有加。

最初合作时，小陈按以往的做法，对"大神"大加称赞，但这位"大神"听惯了恭维之词，对这些话十分反感，弄得小陈尴尬不已。

回到家后，小陈花了很多时间去查"大神"的资料，最后在一个小细节上找到了突破口。原来，这个"大神"在自己籍籍无名的时候，策划过一则不算出名的广告。这则广告播出的时间并不长，却是"大神"自己最喜欢的作品，也是他迈入传媒界的一个跳板。

所以，第二天，小陈再与"大神"谈话时，故意将话题引回过去。她说："我记得自己上大学时，有一个广告让我印象深刻，虽然不知道出自哪位大师之手，但那个广告是我学传媒的启蒙。"

接着，小陈将广告内容及广告经典词说了出来，"大神"感到非常惊讶和感动，对小陈的态度也有了很大的转变。

在所有的语言中，最让人心情舒畅的是赞美。赞美不是讨好别人，因为讨好是无中生有，故意说些好话。真正的赞美是针对一个人身上的闪光点拿着放大镜去看。这样既能让对方高兴，也能提升自己的修养，使一段友谊水到渠成。

此外，赞美他人应该实事求是。比如，跟一位"五音不全"的人聊天，如果赞美他的歌声多么优美动听，会让对方觉得你不是在赞美他，而是在讥讽他。这样的赞美显然很难获得对方的好感。倘若换成"你的进步挺大的""你唱歌的音准找得越来越准"，则效果会更好。

主动聊天是成年人的必修课

只知道埋头苦干，很少与领导和同事沟通，结果加薪升职总轮不到自己？

不愿意在别人面前表达自己，结果自己总是被忽略的那一个？

遇到心仪的异性，不敢上前搭讪，关系很难再往前突破一步，一直单着？

……

你有过诸如此类的遭遇吗？遇到这样的情况，你会不会觉得命运不公？但你想过这是为什么吗？它可能与你的性格有关，也可能源于你的经历。但这些都无关紧要，你必须明白一点，缺乏主动表达自己的勇气，即便你能力再出众，想法再独特，他人也无法注意到你，好机会也不会落到你的头上，到头来，你只能默默无闻。

看看你身边那些深受欢迎的人，他们从来不会畏畏缩缩，而是会积极主动地出击。

主动走近别人只需要短短几秒钟，在这最短的时间内展现出你的魅力，让对方迅速对你产生好感，愿意与你结交。当你建立起来的人际关系越好，朋友越多，就越能增加自身的价值。

小孙是一家保险公司的销售冠军，这个冠军名号已经保持了十几年。有人问小孙是如何销售保险的，他说自己上大学时，几乎和全校所有的人都说过话。

别人很纳闷："这跟销售保险有什么关系呢？"

小孙回答说："我一进入大学就立下了一个目标，那就是成为一名校园领袖。因此，我总是注视着向我走来的每一位同学，主动和他们说话。如果我认识他，我就会叫他的名字。即使我不认识他，我仍会和他说话。就这样，我在大学里认识的同学比任何人都多。当然，他们也认识我，乐意支持我。"

"大学毕业后参加工作，我也一直用这种方法做保险销售工作。"小孙解释道，"和在大学时一样，我与遇到的每一个人说话，不断地主动出击，拜访他们。当我把自己推出去的时候，也就有更多的人知道了我是干什么的，当他们想投保的时候，自然就会想到我，我的业绩也就提上去了。"

　　在各种聚会上，只要小孙一出现，会场的焦点就会聚集在他一个人身上。人们的目光一直追随着他，甚至很多人情不自禁地朝他走去。

　　因为他总是有礼貌地和在场的每一位朋友打招呼："嗨，你好！今天很高兴认识你……""嗨，你好！近来你过得不错吧？""嗨，你好！我们有两个月没见了吧？"……

　　久而久之，小孙成了各种活动中公认的主角，人们对他的好感有目共睹。

　　小孙能取得成功，就在于他主动与人聊天。

　　无论在职场还是陌生的环境，要想拥有一场愉悦的聊天，最直接的方法就是主动、主动、再主动，自信大方地与别人交流，大胆发表自己的看法，使别人能认识你、了解你、接纳你、支持你。这样你就会成为一个处处受欢迎的人，获得种种机遇。

　　主动开口，才能让主动权掌握在你的手里。

为什么热情的人总是好运连连

聊天时，很多人想要打开对方的心房，让对方心甘情愿地听自己说话，接受自己的意见。可是，往往事与愿违。

之所以出现这种问题，并不是因为这些人口才不好，也不是因为他们没有努力，只是因为没有让对方感受到自己的真诚和善意。

小明是一个专业的理财师，理财能力很强，但向他咨询理财知识的客户少之又少。小明懊恼地说："没有人愿意听我说话，我不知道自己是否还适合这个职业。"

小明为人理性，情绪从不外露，说起话来声音沉闷，看起来一副"生无可恋"的样子，面对客户时也是一样。

小明原以为这样的自己显得很职业，可以受到客户的认可和信赖。但结果是，客户都觉得这样的理财师没有感情，根本不会设身处地地为他们的利益着想。

所以，小明的业绩一直很糟糕。

无奈之下，小明只好向导师求助。导师对他说："从你的话语中，别人感受不到丝毫的热情，这样的状态，又怎能奢望他人回报以热情呢？"

无论是职场还是生活中，我们每天都会和形形色色的人打交道，这些人中，有的沉闷木讷，有的则热情活泼。每种性格都有其独特之处，这里我们无法评判哪种更好，但一个事实是，当一个人在言语方面表现出热情时，别人就会给予他更高的评价。

一位社会心理学家做过一个关于选举的实验：在选举之前，他把竞选宣言以平铺直叙和热情激昂两种方式准备了两份，内容完全相同。之后，两份宣言被同时印发传播，分析统计结果后发现，绝大多数选民投票选择了热情激昂的那个。

聊天时，如果对方感受不到你的热情，又怎么愿意和你交谈呢？又怎么能够敞开心扉呢？这就是为什么有的人三言两语就能得到别人的喜欢，做什么事情都能取得好的成绩；而有的人即便说得再多，也无法获得好人缘，还可能四处碰壁。

表妹是一家化妆品柜台的推销员，这段时间一说起自己的工作，她就唉声叹气。在我的追问下，表妹苦闷地说："去年我们店里新来了一个同事，叫小艾。按理说，我的经验比她丰富一些，业绩应该比她更好！令我搞不懂的是，尽管我每天都努力地向顾客推销，有时嘴皮子都快说破了，还给客户赠送小样，但业绩就是没有小艾的高。产品经理提出过几次这个问题，还时常拿我们两人的业绩做对比，就好像我对待工作不认真、不负责一样。这让我心里不是滋味。"

说到这里表妹有些迷茫，"我不知道自己是否还适合这个职业。"

"那你有没有观察过小艾平时是怎么跟客户沟通的？"

"观察过了，"表妹撇了撇嘴，"同样是与客户沟通，小艾总是能够和客户热情地聊上几句。比如，有小妹妹来买化妆品，她总是热情地问：'你们上大学了吧？学习紧张不？''我没有上过大学，真是羡慕你们！'遇到带着孩子来咨询的顾客，她总是会从口袋里拿出孩子爱吃的小糖果，然后说：'孩子今天乖吗？最近流感比较厉害，姐姐你可要注意些，不要让孩子染上流感了！'"

听到这里，我不禁为这个叫小艾的姑娘叫好："这就是小艾的高明之处，你以后可要多跟着她学习如何对待顾客。"

表妹却有些嗤之以鼻，说："只要我真诚地为客户服务，介绍给她们需要的产品就行了，为什么还要费那么多时间去跟客户客套呢？要我说，这种热情就是一种虚伪。"

"不，不，"我想让表妹尽早认识到热情的重要性，进一步解释："小艾总是热情地问候每一个顾客，所以也感染了顾客，让顾客的情绪跟着'热'起来。更重要的是，小艾的热情并不是为了销售产品，而是发自内心的问候，让对方感到亲切和温暖，所以很多顾客愿意和她打交道，照顾她的生意。"

表妹听了，终于明白过来。

在人际交往中，人们往往会本能地给自己的内心砌上一道墙，以免遭受某种不确定的损失。在这样的情况下，不管我们怎么努力地讲道理，对方也有可能根本就听不进去。解决这个问题最有效的办法，就是用满腔的热情去对待别人，从而让其真正共享你的感受。

一位脱口秀主持人，在节目中总是以饱满的热情来主持，喜欢与人互动交流，善于带动气氛。这也使得他在众多主持人中脱颖而出，受到观众的高度关注和热情追捧。关于自己的成功经验，他总结说："谈话时必须表现出你的热情，让人们能够真正地共享你的真实感受。""不管和任何人交谈，热情地开口说话，你就会得到想要的回报。"

　　所以，不管跟谁聊天，我们都要带上自己的热情，当别人被我们的热情"燃烧"起来时，自然会真正打开心门，愿意听我们说话。

　　或许在某个时段，热情带来的效果并不明显，看不见也摸不着，但其感染力会慢慢展现出来，就像点火燃柴一样。只要你有足够的热情和热度，总有一天能燃起熊熊烈火。

第四章

望、闻、问、切，见什么人说什么话

☑ 聊天，一定要懂得望、闻、问、切

☑ 把握场合与环境，句句话应情应景

☑ 好的玩笑，就要把握分寸

☑ 低调才是真正的高手作风

☑ 用好"上堆""下切""平行"，成功掌控全场

☑ 涉及隐私，不说也不问

聊天，一定要懂得望、闻、问、切

我们跟别人聊天，进行社交活动，无外乎是为了两点：一是建立良好的人际关系，积累人脉；二是休闲娱乐，打发时间。无论是出于哪个目的，愉悦的聊天气氛都是排在第一位的。

那些拥有好人缘，能够在社交活动中游刃有余的人，大多是因为他们懂得说话要看对象，见什么人说什么话，永远不会破坏聊天的气氛。

当然，也有一些人认为，"见人说人话"是为人圆滑和虚伪的表现。其实这种认识是很片面的，实际上，这恰恰是一个人社交能力、学识修养、处世态度的具体体现，也是与人沟通的技巧。

下面跟大家分享一下我的一次经历：

　　小区附近有一家理发店，前几天，我发现这家店的面积扩大了，还新招了几个学员。我习惯每次都让老板理发，跟学员说明情况之后，就坐在休息区等候。

　　当时老板正在给一位中年女性顾客烫头发，时间比较久，我等了一会儿有些无聊，就开始观察店里的情形。理发店老板技术过硬，服务态度也好，而且口才非常好，很会跟顾客聊天。有时理完发顾客有意见，只要他一解释，几句话就能平息事态。

　　这次老板新招的几个学徒虽然年轻帅气，工作勤快、认真，但就是不太会说话。面对一些顾客的问题或责难，应对得不是很恰当，甚至不知道应该如何应对。

　　比如一位中年男子理完发后，仔细照了照镜子，觉得不太满意，便提出意见："这顶上的头发留得太长了吧！"

　　这位顾客说话的语气明显透露出不满，给他理发的徒弟一下子紧张起来，嗫嚅着不敢搭腔，站在那里不知该说什么才好。

　　老板赶忙走了过来，笑着对顾客说："先生，我们都是根据顾客的脸型和气质来设计发型的。您这个脸型，顶上稍微留长点，显得您很含蓄，这叫藏而不露，很符合您的身份与气质，要是太短了很容易翻翘，反倒跟你的气质不搭呢！"

　　中年男子又照了照镜子，显然对这个解释还算满意，于是冲老板笑了笑，付钱走了。

这时，旁边的一位小姑娘也理完发了。她对着镜子前后左右仔细端详了好一会儿，对给她理发的学徒说："我明明说了修一下，你这剪得也太多了吧，这看起来已经属于短发了！"

看着姑娘气鼓鼓的样子，我不由得替那个学徒担心起来。这有嫌长的，有嫌短的，长了可以修短，短了可没法办呢，这小伙子怕是要挨训。

这时，老板看到被质问的学徒脸都憋红了也说不出个所以然来，又走过来解围了，他笑着对小姑娘说："你这短发造型看起来干练多了，显得特别精神。这个造型是我特意交代他给你弄的呢，不信你自己看看之前的照片，发型一变，整个人都不一样了！"

原本噘着嘴的姑娘听了老板的话，又对着镜子端详了一番，自言自语道："好像还真是这么回事！"

眼看着老板送走眉开眼笑的小姑娘，我心里对老板的佩服又深了一层。后来，他给我理发时，我忍不住跟他聊了起来，他还跟我分享了他几十年来招呼顾客的心得体会。

"招呼顾客嘛，其实就是聊天说话，跟顾客说话，得挑他们喜欢的说，每个人的脾气不一样，有的急，有的慢，有的大大咧咧，有的斤斤计较，啥样的人说啥样的话，你这心里得有数。"

老板一边说着，一边瞄了眼旁边的徒弟。

"比如，有些人一看就是急性子，或者很赶时间的样子，他们总是嫌理发慢耽误时间，耐心也有限，这样的人你得多夸赞这发型给他增加了气质和魅力，让他觉得时间花得有价值，他才会满意。"

"也有的嫌我们理发太快，不够精细，对于这样的顾客，你不能直接跟他辩解说你理得没毛病，又快又好，这样跟他们是说不通的，所以应该转移视线，比如说看他气质不凡，一定身居高位，工作繁忙，这样快一点，是为了节省他的宝贵时间。"

店里的几个徒弟也很机灵，个个都听得很认真，想必从中学到了不少说话技巧，我也忍不住冲老板竖起了大拇指。

正所谓量体裁衣，因材施教，我们不能不分对象都给他们穿同样尺码的衣服，也不能不分对象给予一样的教导。同样的，和不同的人聊天，我们要抓住对方的性格特点，采用对方可以接受的方式交流，这样才能尽快拉近彼此的距离，促使沟通和交往顺利进行。

比如和孩子聊天，我们会不自觉地让自己温柔、活泼生动一些，说话时尽量挑孩子能够听懂的语言；和长辈聊天，我们会变得恭敬很多，让自己的话听起来谦逊有礼，说话的内容也会有所调整，尽量挑选老人喜欢的话题，如养生、健康等。

所以，想要赢得他人的喜爱，把话说到对方的心坎里，应该根据自己的谈话对象，调整说话的方式和内容。要做到这一点，一般需要望、闻、问、切四步：

望：观察对方。一个人的心理状态、性格、爱好等，往往会通过服装、表情、谈吐、举止等表现出来。只要你善于观察，或多或少能挖掘出一些有用的信息，然后通过这些信息扩展聊天话题。

闻：聆听对方。和别人面对面交流时，一定要专心而认真地听对方讲话。这不但表现了你对对方的尊重和重视，而且有助于正确理解对方所要表达的意思，这也是判断对方性格、爱好等的重要线索。注意，人们一般会对自己在意的东西反复提及，谈论时情绪会比较高涨。

问：询问对方。聊天时，如果气氛不是很自然，可以问一些一般性问题，如"你平时喜欢什么？"这个问题可以了解对方感兴趣的事情，发现其关注点，激发其聊天的兴致。

切：提供方案。得到对方的反馈信息后，就能对对方做出简单的判断，掌握其心理需求和喜好等，确认可谈论的话题。

把握场合与环境，句句话应情应景

聊天时，我们想要明确表达自己的想法和意见，但这并不意味着我们在任何时候都可以把自己的想法和意见毫无顾忌地表达出来。

同样的一句话，在不同的场合可能会让人有不同的感受、理解，并表现出不同的心理承受能力。这也意味着，有些话在某些特定环境中说合适，但在另外的场合则未必佳。所以，说什么，怎么说，一定要考虑场合和环境。

女秘书长小非每天早出晚归，即便是自己的丈夫，也只能在晚上回家之后才能见面。

这天，女秘书长小非又忙到凌晨才处理完工作。她拖着疲惫的身体回到家里，看到卧室房门紧闭，只好敲门。

门内传来丈夫的声音："谁呀？"

"我是秘书长。"这时的她身心疲惫，用处理公务时的语气大声回答道。

然而，门并没有打开，她再次用力敲门。丈夫又问道："谁呀？"

"我是小非。"她像是想到了什么，放低声音回答道。

然而，丈夫依旧没有开门。当女秘书长第三次敲门时，丈夫又一次问了同样的问题："谁呀？"

"是我，你的妻子。"她用温柔的声音回答。

这时，门开了，丈夫拿着妻子要换的鞋子和睡衣，满面笑容地等在门口："欢迎我的妻子回来。"

这位女秘书长和丈夫相濡以沫一辈子，可谓"爱情事业双丰收"。那么，她为什么可以成为人生赢家呢？原因正在于她不但知书达理，而且懂得在不同的场合说出符合场面又得体的话语。

在外交等场合，小非一般会保持女秘书长该有的严肃谨慎，说话十分威严，令人不自觉地信服她、畏惧她；回到家与丈夫相处时，她便不再保持女秘书长的姿态，而是用妻子的身份和丈夫说话，这也使得丈夫怜爱她、珍惜她。

我们不妨试想一下：如果女秘书长在庄重的场合讲话温柔，

她的外交对象只会看轻她。如果她和丈夫说话时摆出一副高高在上的模样，他们的夫妻感情很可能会大打折扣。

女秘书长尚且如此，我们普通人在与人聊天时，更要注意这个问题，考虑交谈的环境，然后做出相应的调整。比如，郑重的场合就该说郑重的话，轻松的场合就该说轻松的话。只有在不同的场合说出符合该场合的话，才不会让人感到突兀，才能更好地感受交谈的愉悦。

老严和老孙，勤勤恳恳工作了几十年马上就要退休了，公司为他们一并举行了欢送会。领导就他们的工作和为人进行了一番赞扬，相比之下，老严多次荣获"先进工作者"荣誉，更受大家的爱戴。

接下来轮到老严和老孙致答谢辞。老严对大家的赞誉做了深情的感谢，又谈起这些年和大家共事的美好时光，使会场里充满了令人动情的温馨气氛。

老孙致答谢辞时，却从人们对老严的赞扬引发感触，颇为感慨地说："说到'先进工作者'，很遗憾，我从来没有得到过。这些年来，我一直勤勤恳恳……"他的话里带着一种哀怨，眼角眉梢也浮现出感伤的表情。一时间，会场中出现了一种令人不悦的尴尬气氛。

老严见势不妙，马上接过话茬，笑着说："没有评过先进，并不等于不够先进，先进不仅在名义，更要看事实。俯首甘为孺子牛，是老孙最好的写照。这些年，他无私利他的奉献精神，升华的是生命的价值……"

老严这一番话不仅帮老孙消弥了尴尬，还让会场气氛一下子又热烈起来。

什么场合说什么话，每一句话都要应情应景，这是人们在长期的社交中总结出来的。

文学大师鲁迅曾用一个例子生动地说明这个问题。

一户人家生了孩子，全家非常高兴。满月的时候，他们抱出来给客人看，想讨点好彩头。

一个客人说："这孩子将来要发财的。"于是，他得到一番感谢。

另一个客人说："这孩子将来要做官的。"于是，他收到了几句恭维。

这时，又有一个客人说："这孩子将来是要死的。"

结果，他被大家合力痛打一顿，直打得眼冒金星、满地找牙。

虽然人都难免一死，说这孩子将来会死，从逻辑上来说没有问题，但孩子满月是喜事，主人自然愿意听赞美之词，在这个场合讨论人的生死问题，被打到满地找牙并不奇怪。

聊天时注意场合，让自己的语言融入环境，才能准确地表达自己，得到更多的认同。

好的玩笑，就要把握分寸

聊天时，适当开个玩笑，可以松弛神经，活跃气氛，但开玩笑一定要注意分寸、把握尺度，避免说出令人尴尬或厌恶的话。倘若为了营造气氛而刻意制造幽默，却弄巧成拙地让人生气，那就失去开玩笑的意义了。

去年我接到一个通知，十多年没见的高中同学组织了一场聚会，通知我务必参加。

聚会那天，我去得不算早，已经有好几个同学聚在一起聊天了。看到一张张熟悉又有点陌生的脸庞，我的脑海里不禁浮现出一幕幕大家在课堂上认真听讲、课间活动时戏耍打闹的场景，还有一起在操场上奔跑的、在舞台上唱歌的……那是我的高中时光，多么单纯的时光，多么美好的年华。

还没等我从回忆里走出来，只听"砰"的一声，就见一位同学将另一位同学打倒在地。我被这猝不及防的一幕吓了一跳，连忙跑过去拉架。只见打人的同学捋起袖子，怒气冲冲地对被打的同学说："我看你还乱不乱说了！"

被打的同学也是满脸怒容，气愤地回应道："你别急呀！我哪里乱说了？你本来就怕老婆！前几天，你和你老婆吵了一架，还被她赶出家。这事儿，咱们小区里很多人都知道。哼，你敢发誓说没有？"

"你嘴巴真臭，走到哪儿，臭味就传到哪儿。"打人的同学气恼地说。

"你还有脸说我？上学时，我和你睡上下铺，你的脚简直能臭死人。"

"你就是欠教训！"打人的同学一听，立马又要冲过去，幸好被人拉住了。

在他们的推搡之下，这场同学聚会不欢而散。

后来，一位同学跟我讲述了事情的经过。原来，这两位同学住在同一个小区，他们早早来到聚会地点后，跟其他同学聊得很起劲。聊着聊着，其中一个同学居然当众说起另一个同学怕老婆、被老婆赶出家门的事情，还取笑他是"妻管严"，结果引发了斗殴事件。

在这件事情上，是打人的同学太小气，开不起玩笑吗？当然不是。在我看来，打人的同学固然不对，但被打的同学更不对。玩笑不是想说就说，还要讲究分寸。后者开玩笑过了度，伤了对方的自尊和面子，那就不是玩笑了。这不仅无法产生"笑果"，还会让人心怀怨恨。

我们常说"适可而止"，真正会开玩笑的人，不管什么时候，面对什么人，都会注意分寸，不会让人陷入尴尬。如此，人际关系才会更加融洽，对方也会认为他是谈吐幽默、易于相处之人。

那么，在聊天的过程中，我们应该如何开玩笑呢？

1. 开玩笑要注意自己的态度

开玩笑是为了活跃气氛、增进感情，如果你借着开玩笑对他人冷嘲热讽，发泄不满，就会招人厌烦，令人不快。所以，开玩笑时应心怀善意，态度友善。

2. 开玩笑要注意他人的情绪

人的心情每时每刻都在发生变化，选择在对方心情愉悦时讲一个有度的笑话，可以让交谈顺利进行，事半功倍；选择在对方心情低落、沮丧的时候开玩笑，可能会令对方的心情更加糟糕，甚至遭受对方不理智的对待。因此，开玩笑前一定要关注对方的情绪，再选择是否要开玩笑。

3. 开玩笑要注意他人的性格

生活中，有的人度量大，有的人度量小。与度量大的人开玩笑，可以起到调节气氛的作用，也会得到对方大度的笑容与回应；与度量小的人开玩笑，容易招来对方的厌恶。如果忍不住开玩笑，那么尽量以自嘲为主。

4. 开玩笑要区分聊天对象

需要注意，对于身边的人，并不是所有人都能开玩笑，比如领导、长辈、老师等，这类人就不能开玩笑。如果你在这些人面前乱开玩笑，会让对方觉得你不是一个好员工，不是一个懂事的晚辈，不是一个好学生。此外，与女性或残疾人开玩笑时也要适可而止。

5. 开玩笑要注意场合

不同的场合要用不同的态度来对待。在轻松的场合，如婚礼现场、联欢会上，可以适度地开一些玩笑，通过欢声笑语实现人与人之间的和谐互动。而在严肃的场合，如图书馆、纪念馆、殡仪馆、医院等地方，就要以庄严肃穆的态度来对待。这时无论你的幽默天赋有多高，请一定要收起来。在这类场合开玩笑，会给人留下轻浮、不礼貌等坏印象。

6. 开玩笑要注意内容

被人接纳的玩笑通常是风趣高雅、幽默逗人、内容健康的，被人厌恶的玩笑通常是庸俗不堪、内容消极的。因此，开玩笑时一定要注意内容，不能拿一个人的生理缺陷开玩笑，也不能开带有侮辱性、与种族和宗教信仰相关的玩笑。

低调才是真正的高手作风

　　如果你是一位画家，可以用画作来证明自己的绘画本领；如果你是一位音乐家，可以用演奏来证明自己的天赋。

　　本领、天赋等，都不是由嘴巴说出来，而是由实践证明而来的。然而，生活中总不乏一些喜欢夸夸其谈、卖弄自己的人。

　　小远大学毕业后，在广州的一家公司工作。因为业绩出色，能力不错，没几年就被提升成小主管，收入还算可观。每次回老家，亲朋好友都会夸他年轻有为。久而久之，小远也觉得自己很有本事。

　　这天，小远接到高中时的班长打来的电话，说要举办同学聚会。小远马上答应下来，他觉得自己在同学中算是混得不错的，很想向同学们炫耀一番。

　　聚会当天，小远穿着西服，带着价值不菲的手表，开着车从广州到老家。聚会上，同学们纷纷表达了对小远的羡慕之情。

"老同学，你这块手表看着真不错。"

"你真有眼光，我花三万多元买的。"

"你身上这套西服也很高档！"

"是吧？这都快赶上你一年的工资了。"

……

小远的话，让有些同学皱起了眉头。

小远俨然将自己当成了聚会的"主角"，完全没有意识到自己的炫耀已经引起同学们的不满，他还假意摆摆手说："这些东西比起我在广州买的房子和车子，根本不值一提。"

有人好奇地问："广州的钱有那么好赚吗？"

小远继续夸夸其谈："广州的钱，说好赚也好赚，说不好赚也不好赚，关键看个人能力。"

"老同学，现在你是我们同学中混得最好的。"有人感慨地说。

小远听后得意地说："上学时，我就一直比你们成绩好。"

结果，小远发现同学们对自己的态度越来越冷淡。他开始感慨别人都看不得自己好，都嫉妒自己。

看到这里，你是否已经明白小远不受欢迎的原因？难道是因为他自身太优秀才被孤立吗？没有人会拒绝与优秀的人做朋友，但自傲的人就另当别论了。因此，这一切都是小远咎由自取。他的言谈举止过于高调，喜欢炫耀，讲起话来拿腔拿调，表面上看似风光无限，可谁愿看他那自傲的样子，听他那夸耀的言论？人们只会对他嗤之以鼻，避之唯恐不及。对此，我们一定要引以为戒。

在聊天的过程中，每个人都希望得到别人的认可和重视，如果你一味地表现自己，抬高自己，甚至不惜打压、贬低别人，来突出自己的优越感，显然是对别人的无视和无礼，如此德行有亏，又怎能获得他人的好感呢？事实上，这样的人往往人缘很差，步履维艰。

纵观身边有大智慧的人，从来都是高调做事，低调做人，说话不仅不夸大自己，反而保持言语上的谦和，不逞能、不显摆、不自以为是、不锋芒毕露……所以，他们十分受人尊重，人们都愿意与之交谈并交往。

小安是一位优秀的电台主持人，主要负责采访节目。在五年的采访生涯中，他采访了上千人。虽然他掌握着采访的主导权，但他的言谈从来都是谦和的，温和地将自己的观点娓娓道来。

有人曾向小安提出质疑："你说话的风格太过温情，缺少硬朗、尖锐的一面。"

小安却不以为然："在语言上压住嘉宾是很容易的事情，

但这不是我的风格。嘉宾来做节目就是我的客人，我必须以礼相待。"

的确，小安温和的语言，总能让人放松下来，轻松解除对方的戒心。那些嘉宾往往说起来滔滔不绝，很愿意把自己的故事告诉他。其中一位嘉宾如此评价小安："我一见到他就知道怎么说话了，他的声音具有亲和力，这种亲和力能够影响我，让我立刻有一种找到知音的感觉，忍不住与之交流。"

小安之所以受人喜爱，就是因为他在聊天中懂得审时度势，重视别人的存在，关注别人的感受，使对方感觉自己受到了尊重，从而使谈话进行得更为顺畅。

在这方面，有位名人说过："我立下一条规矩，绝不正面反对别人的意思，也不让自己武断，我甚至不用那些代表绝对的词和表达方法，比如肯定、毋庸置疑等，取而代之的是我感觉、我理解、我想。当别人做出我认为错误的断言，我不会马上反驳，而是对他说，在某种情况或环境下，他的说法可能是正确的，但现在的情况不是这样。这种做法让我尝到了甜头，我参与的谈话都变得很愉快，意见让人容易接受……"

学会把自己放在次要的位置上，虽然看似被对方压住了风头，但实际上，沟通方向的掌控权却牢牢掌握在自己手中，而且最终实现的还是自己的目标，何乐而不为呢？

用好"上堆""下切""平行"，成功掌控全场

聊天最怕的是什么？最多的答案恐怕是没有话题，不知道该说些什么。一旦陷入这种尴尬的冷场，就很难再聊下去了。

你可能认为这是口才的问题，实际上却是技巧的问题。聊天是一种沟通技巧，我们完全可以通过学习找到合适的话题。有些人不管跟谁都能高兴地畅谈，就是因为他们懂得如何巧妙地找话题。

一般来说，语言沟通中，交谈的方向不外乎三个方面：一是在与对方保持一致气氛的前提下，用含义更广的词语引导对方，让对方的思维朝一个新的方向延伸和发展，并进行更深层次的思考，这种技巧我们称为"上堆"；二是弄清楚对方话语中的意思，抓住对方话语中的关键词，把话题引向更具体、更细致的层面，这种技巧我们称作"下切"；三是探索对方话语

的意义，探讨在同一层次的其他选择和办法，这种技巧我们称为"平行"。

只要掌握"上堆""下切""平行"这三个方向的语言技巧，与人聊天时，我们就能轻松掌控全场，而不必担心因为不知道如何继续话题而陷入尴尬的沉默和冷场。

周老师是某中学的数学老师，这天，班上有个学生对他说想要放弃高考。

学生："周老师，我不想参加高考了。"

周老师："不想参加高考？那你有什么打算？"（"上堆"，让学生说自己的打算。）

学生："我一直都喜欢画画，想考艺术学校，但父母不同意。"

周老师："艺考和高考的时间不一样，你觉得这两件事情有冲突吗？你心里是怎么想的？"（"上堆"，询问学生的真实想法，了解学生心里究竟是怎么想的。）

学生："虽然没有时间上的冲突，但我不想遂了父母的意。他们希望我能参加高考，我偏不想去考。"

周老师："我知道你一直很喜欢画画，你的父母为什么不支持你这个爱好呢？你知道原因吗？"（"下切"，把话题引向更细致、更具体的层面。）

学生:"他们觉得艺术生没有前途,是无所事事的人,根本不考虑我的感受,实在是太自私了!"

周老师:"你认为他们应该怎样做才不自私?"("下切",聚焦"自私"这个关键词,引导学生进行客观判断。)

学生:"他们要是不自私,就应该支持我的梦想,让我学习画画,鼓励我考艺校。可是,他们根本就不爱我,也没有尽到父母的责任。"

周老师:"在你眼里,父母的责任是什么?"("下切",继续具体、细致地询问。)

学生:"父母应该支持孩子,无条件地支持,这才是爱孩子。"

周老师:"爱孩子才会为孩子谋长远,每个人都有自己的爱好,但学习是学生最重要的事情。只有好好学习,你才能在社会上有立足之地,更好地发展自己的爱好。如果学习搞不上去,一心想着爱好,以后只会更难。"("上堆",引导对方的思想,让对方意识到自己的偏激,从而矫正自己的认识。)

学生:"可是……"(沉默,不知该如何回答。)

周老师:"你说说,你学画画的初衷是什么?"

学生:"这很简单,就是为了过上自己喜欢的生活。"

周老师:"你的父母也是这样希望的,只有两个多月了,

115

现在你可以把画画当作爱好，以后考上好的大学，报个喜欢的专业，会遇到很多志同道合的朋友，也会拥有更多的自由时间。"（"平行"，引导对方看到同等意义下的其他选择，让对方能够从实际出发，找到更加体谅父母苦心且可行的方法。）

学生："我明白了，谢谢周老师！"

一个普通的话题，却引申出很多内容，这就是"上堆""下切""平行"的妙处。从沟通的角度来看，"上堆"能让谈话更加开阔和丰富；"下切"则能帮助我们在谈话时看到问题更细致、更具体的层面；"平行"则能够帮助我们找到更多的选择和方法，在同等条件下探索出更多的可能性。

只要你能好好运用这一技巧，不管遇到谁，都能畅所欲言。

涉及隐私，不说也不问

我曾经在一个楼盘做过销售培训，大概是职业的缘故，我很喜欢留意人们的对话。培训间隙，我会在售楼部大厅闲逛，听听销售人员与客户的对话，然后找出问题，把这些问题融入讲课的内容中。

这天，一对年轻情侣来看房，销售员小王热情地接待了他们，给他们看了好几套样板间。过程中，我一直坐在旁边听他们说话，了解到这对情侣都不是本地人，现在在这边工作。按照我的想法，销售员小王接下来应该了解一下他们的购买力和户型意向，然后根据具体情况推荐相应的户型。

结果，热情过头的小王张口就是一串"灵魂拷问"："你们现在买房一定是作为婚房吧？你们什么时候结婚？打算什么时候要小孩？会不会把自己的父母接来这边一起住呢？"

说实话，我都被这几个问题吓到了，因为这些都属于个人隐私，小王也太不按套路出牌了。

果然，那个小伙子脸上露出尴尬的神情，他偷偷瞄了一眼身边的女朋友，没有回答。女方过了一会儿才说："还没有考虑那么远，先有了自己的小窝再说吧。"

可小王还是没有意识到问题的严重性，接着又问道："姑娘，你今年多大了？我看你年龄也不算小了，女人还是早些要孩子好。女人年龄越大，越不容易怀孕，建议你们婚后早做打算。要是一两年内要孩子的话，父母也要过来帮忙，你们买套一百平方米左右的小三居，一步到位多好！"

小王的话一说完，我顿时觉得事态不妙，果然，那对情侣的脸色都变了，女孩站起来扭身走了。

小王的态度很热情，却惹得客户不高兴。这是因为他在公开场合打探别人的隐私，这是所有人都无法容忍的事情。试想，如果一个不熟的人问你"今年多大了""有没有对象""做什么工作""一个月挣多少钱"等比较隐私的问题，你是不是会很反感呢？

每个人都有隐私，它可能是不堪的过往，可能是不光彩的事情，也可能是一个人的缺点或短处，这些都不可以拿到桌面上高谈阔论。所以，跟别人聊天时，一定要规避涉及对方敏感之处或者隐私的话题。

也许你只是出于好奇，想问个究竟，但千万要注意场合，掌握分寸。实在有想要咨询的问题，记得在聊天的过程中察言观色，如果对方已经表现出明显的不耐烦或者厌恶，就要立刻停止这个话题。时刻记得，尊重他人隐私就是尊重他人本身，这是一个人最起码的道德准则。

莉娅性格开朗，交游广阔，几乎每天都有聚会。其实她长相很普通，话语也不多，但她却是朋友圈中最受欢迎的人，这都是因为她很会聊天。

有一次，莉娅介绍两个朋友认识。甲是位女士，三十六岁，年轻时因为忙着拼事业，一直单身，并对自己的年龄讳莫如深。乙得知甲仍然单身，忍不住追问其年龄。甲顿时满脸通红，陷入不知所措的尴尬境地。

注意到这一变化后，莉娅及时"救火"："女人一生如花，在我看来，年龄可以忽略不计。"此言一出，甲莞尔一笑。

"像你这么漂亮的女人，为什么不恋爱呢？"乙依然好奇地追问。

"这……"甲有些吞吞吐吐，看样子不太想说。

"好了，缘分到了自然会恋爱的。"莉娅赶紧转移话题，"今天，我想和你们商量……"

　　还有一次，莉娅和一位朋友在外面喝咖啡，中途朋友接了一个电话，脸色有些不好。莉娅关切地询问是不是发生了什么事情。朋友摆摆手，莉娅见状，便不再追问。

　　莉娅深知每个人都有自己的隐私，像情感问题、身体状况等很私人的事情谁都不想被别人评来评去。当你自以为出于好心询问，其实就已经是在"哪壶不开提哪壶"了。既然对方不愿意说，就不要穷追不舍地问下去，毕竟那是对方不愿意回答的问题。

　　正是因为这种聊天的本事，朋友们对莉娅的评价都特别高。无论她遇到什么事情，帮忙出谋划策的人很多，直接帮忙的也不少。

　　"瘸子面前不说腿短，胖子面前不提身肥，东施面前不言面丑。"这是每个人都应该知道的常识。凡是缺点、错误或者别人失意的事情，最好避而不谈，哪怕再熟的人也要有所忌讳。

　　不该说的千万不要说，不该问的千万不要问。这是对对方的尊重，如此才不会引起彼此的尴尬，才能保证沟通顺畅。

第五章

社交沟通有门道，不看颜值看"聊效"

人情话说好了，好关系跑不了

　　为什么聊个天就这么难？为什么别人就是不喜欢自己？生活中，不少人会发出类似的抱怨，并习惯于将原因归结为自身口才不好、别人态度冷淡等。这些人忽视了一个最重要的力量，那就是人情。想要打动一个人的心，最好的方法是说好人情话。

　　人都是感情动物，在日常与他人的相处中，我们会发现，那些说话充满温情的人往往很受欢迎，因为他们总能说出一些饱含感情、很有情趣的话。

　　有位哲学家曾经说过："情感的本质是通情达理，是对一切存在事物的热忱而温存的同情。它的本质就是爱。"既然如此，为什么不在语言中注入感情元素，让沟通与交流更有"人情味"呢？只有充分调动感情，交流才有可能升温，你与聊天对象之间才可能产生好的"化学反应"。

有一回，朋友约我吃饭，饭店藏在一条小巷子里。因为路太窄，为了避让行人，我们不小心碰上了一辆迎面驶来的小汽车。幸好巷子里的汽车都是"蜗速"行驶，没有造成太大的事故，只是将对方的车刮掉了一块漆。

对方车主是一位中年女士，下车后，看到自己的爱车被蹭掉了一块漆，立马气愤地质问我是怎么开车的，会不会开车。我连忙向她道歉，并表示会做出赔偿，对方的脸色这才缓和了一些。随后，我拨打了交警的电话，等交警判责及处理后续赔偿事宜。

我见巷子内来往车辆多，车主站在路中央打着电话，便好心提醒对方："大姐，您往路边站站吧，站在路中间很不安全。"

车主听了我的话后，站到了路边。

时值夏季，天气炎热，大家都在不停地出汗，我客气地问道："您口渴吗？要不我去买两瓶水？"

车主拒绝了，表示自己车里有水。

之后，我又满怀歉意地对车主说："您看，大中午的蹭了您的车，耽误了您的时间，不如中午我请您吃个饭吧！"

"不用了，谢谢！"车主依旧果断地拒绝，但脸色缓和了不少。

后来，这位车主主动问我这次事故走保险理赔还是私人理赔。有车的人都知道，走保险理赔的话，来年的保费会上涨，如果是几百块的赔款，基本上会选择私人理赔。

我询问车主修补被蹭掉的漆大概需要多少钱，车主也很实在，建议我走私人理赔，并给了我一个较低的价格。这个价格一看就是去私人开的汽车修理店的价格，比正规店的价格便宜太多。最后，我选择了私人理赔，对车主表达歉意的同时也表达了感激。

发生事故后，我提议车主站在路边，询问车主是否要喝水，以及邀请车主去吃午饭，都是出于对车主的关心。车主显然也感受到了我的真心实意，不由自主地缓和了气愤的心情，不仅放下芥蒂与我聊天，还真诚地给予我建议。

俗话说，"好话一句三冬暖"，那些充满温情的话语，如同拂面而来的春风，总能让人心情舒畅，感到温暖。一个懂得体谅他人、为他人考虑的人，必然会在交流时表达出内心的温情。人与人之间的关系是相互的，当你愿意用友好的态度、美好的话语与人结交时，自然也能收获相同的善意。

生活中，有些人总爱把一些人情话与虚伪、圆滑画上等号，实际上它们完全不同。一个虚伪、圆滑的人会为了获得某些利益而说出违心的语言；人情话则会考虑他人的立场与心情，用充满温情的方式表达真实的意见，拉近彼此的距离。这就是二者的根本差别。

富有人情味的话语，不仅能够温暖他人的心灵，让人听后甘之如饴，心生愉悦，也能让我们自己变得越来越豁达，可谓一举两得。

精于攀交情，处处有交情

什么是攀交情？其实就是指利用言语来拉近彼此的距离。

有一天下班回到家，我发现家里来了客人，一位中年女士和一个十来岁的孩子，我的母亲正在招待两人。简单打过招呼后，我便安静地坐在客厅的沙发上，想听一听这位素未谋面的女士找母亲所为何事。

中年女士微笑着对母亲说："王老师，您好，很冒昧地来拜访您。您还记得我吗？"

母亲看了中年女士好一会儿，皱着眉头说："你的名字我不记得了，但我总觉得你很眼熟，应该是我带过的学生。"

中年女士笑着说："是的，我是您的学生。王老师，您还记不记得您刚任教那年，班里有一个女孩子和一个男孩子打了一架,结果瘦瘦小小的女孩子将高高壮壮的男孩子打倒在地。您当时还打趣那个女孩,说她是女中豪杰。"

母亲一听立马笑出了声,说:"我记起来了,你是小赵,是我任教第一年遇上的女刺儿头。这么多年没见,工作生活还顺利吗?"

"老师您教导有方,让当年顽皮的我迷途知返,明白了学习的重要性,考上了一所比较不错的大学,有了一份还算不错的工作。生活的话,如果没有这个孩子,一定非常惬意。"小赵女士说着,无奈地指了指身边的孩子。

母亲看了看孩子,又回过头,好奇地问她孩子怎么了。

小赵说:"这孩子得了我的遗传,成了班里的小刺儿头,天天不学好。实不相瞒,我这次来拜访您,就是希望您能抽出一些宝贵的时间教导一下我的孩子,就跟当年您教导我一样。"

母亲已经退休,工作了大半辈子,现在她只想待在家里做些自己喜欢的事情,所以有些犹豫。

后来,小赵说了很多上学时的经历,让母亲情不自禁地回忆起任教的那些年,开心的、心酸的、气愤的,每件事似乎都历历在目。最后,退休多年的母亲答应了小赵的请求,表示可以帮她教一教孩子。

人与人之间的关系错综复杂,就像一张纵横交错的大网。如果仔细观察，你会发现有一条或数条线联系着其中的一些人。这些线有的长，有的短，将或熟悉或陌生的人连接起来。会聊天的人会沿着这条线攀过去，让彼此的距离拉近；不会聊天的人则对这条线视若无睹，说得再多再好听，也无法拉近彼此的距离。这条无形的线，其实是指某种关系，利用某种关系攀交情，走到哪儿都有交情。

就像小赵，在她开口前，我观察到母亲有些警惕，但小赵说出自己是母亲的学生后，母亲的警惕心立马消散，并露出和蔼可亲的笑容。小赵提出让母亲帮忙教导一下孩子时，母亲起初有些抗拒，但随着小赵回忆学校里的人、事、物，母亲的态度软了下来，最后接受了小赵的请求。不难看出，小赵能成功拜托母亲，全因她善于利用师生关系来攀交情。

俗话说"熟人好办事"，人是讲群体性的，对于和自己关系比较密切的人，会从心理上愿意交流、交际。而对不相关的人，则不会轻易地敞开心扉。所以，如果想和原本关系不密切甚至陌生的人聊天，就要学会攀交情。通过拉近彼此间的关系，激起对方交流的欲望。

当然，这里所说的攀交情并非曲意逢迎，而是会说话，让对方感觉到善意和友好。试想，当你见到有人花了这么多心思就是想要跟你建立交集的时候，你往往会觉得对方重视自己。其实，真正让我们感到亲切的，是对方努力与我们拉近关系的心意。

那么，与人聊天时，可以利用哪些关系来攀交情呢？以下是几种常用的关系：

1. 亲戚关系

这里的亲戚范围很广，可以是三姑六婆，可以是七大婶八大姨，但凡有一点亲戚关系，都可以用来攀交情。用亲戚关系攀交情时，要围绕两人成为亲戚的关键点来聊，这个关键点可以是彼此认识的人，彼此知道的事，这样对方才会放下警惕心，愿意与你聊，越聊关系就越近。

2. 老乡关系

俗语说，"老乡见老乡，两眼泪汪汪"。与人聊天时，我们要听准对方的口音，或者提及对方的故乡。如果是老乡，可以利用家乡的人、事、物作为话题，消除彼此间的陌生感，让对方迅速敞开心扉。如果不是老乡，那也没有关系，可以以对方的家乡为切入点。

"听您口音，是××人吧？那里有个旅游景点，非常出名。"

"听说您的家乡是××，我在那里上的大学。"

"缘分，我有一个同学和您是老乡。"

……

有一年，我被公司安排去总部参加一场重要培训。为了节省支出，总部给员工安排的是两人宿舍。当我进入宿舍时，另外一名培训人员小张已经入住，此刻正躺在床上玩手机。

我放下手中的行李，率先打起了招呼："您好，很高兴认识你。"

"幸会！"小张抬头看了我一眼，又继续玩手机了。

我心想，这次得在总部培训两个月，这就意味着要和小张一块住两个月，这样冷淡的相处可不行。很显然，小张不是个很健谈的人，也不热衷于结交新朋友。看来只能由我拉近彼此的关系了。于是，我接着问："你是哪里人？听你的口音，应该是北方人吧？"

"是的，东北人。"小张漫不经心地回答，视线依旧没有离开手机。

"东北是个好地方，美食特别多，前两年中央电视台制作的《舌尖上的中国》，特别讲述了东北特色小吃。我特别喜欢杀猪菜，既开胃又不腻。"我说道。

"哦？"小张的视线终于移开手机，"杀猪菜是东北的特色菜，我们每年过年都要吃。"

"对，我有个同事就是东北的，每年过年他拍的年夜饭，真是令人垂涎三尺……"

我们越聊越高兴，临近晚饭时，小张主动邀请我一同用餐。

从互不相识到侃侃而谈，只用了半个小时，这就是攀交情的魔力。

3.师生或校友关系

这里的校友关系，不仅指同班同学，也可以是同一届的同学，或是学长学姐、学弟学妹。师生关系，除了教过自己的老师，也可以是没教过自己的老师。用这种关系攀交情，谈论的话题应该与学校、同学、老师、校园有关，这样才能引发对方的共鸣，让对方主动打开话匣子，主动靠近你。

"听过您是××学校的，我也是从那里毕业的。说起来，我还是你的学弟！"

"听说你是王老师的学生，他是我的伯父。"

……

4.同行关系

一般来说，从事同一行业的人会有很多共同的爱好和话题，在没有聊天前就有一种惺惺相惜之感。用同行关系攀交情，交谈的话题一定要与从事的职业有关。比如医生，可以聊一聊某种疾病的治疗手法，聊一聊医院的趣闻，让对方产生是自己人的感觉。

需要注意的是，不管用哪种关系攀交情，最重要的是真诚，否则会让对方觉得你油腔滑调、心术不正，如此就得不偿失了。

用"咱们"一举打入人脉圈

跟人聊天时，你有划清"楚河汉界"的习惯吗？也就是聊天时将"你""我"界限划分得十分明确。如果你有这样的习惯，可能你的人缘不会太好。因为当你说出"你""我"这样的词汇时，就已经明确向对方透露了一个信息：我和你不是一路人。一般人们接收到这样的信息后，会生出一种距离感与隔阂感。

跟人友好地聊天，最重要的是让对方将我们视为自己人，感到我们与他是同一阵营的。

据我观察，那些善于聊天的人往往少说"你"，多说"咱们"。有的时候，一句简单的"咱们"，往往能让难以解决的问题迎刃而解。

我高中时期先后有两个班主任，一个是张老师，一个是李老师。两个老师年龄相仿，教学水平相当，但李老师在学生心中的地位一直比张老师高。其中的原因，从一次相同主题的班会就能看出来。

青春期是躁动的，张老师和李老师为了杜绝学生的早恋现象，开展了早恋主题的班会。当时，张老师是这么说的："同学们，现在我听说学校里有早恋的现象，这必须遏制！你们的身份是学生，学生的首要任务是好好学习。如果你们现在不努力，等到了我这个年纪，一定会后悔莫及。我奉劝在座的每一位，一定要将你们心中的躁动之火熄灭，否则我将通知你们的家长！"

张老师的话说得非常真诚，他也是为学生的未来着想才说出这番话。但是，张老师说完后，学生们都表现得心不在焉，鲜少有学生将张老师的话听进心里。学生们的不配合，让张老师感到十分尴尬，脸上一阵红一阵白。

为什么会这样呢？张老师的话语中有很多"你们""我"这样的字眼，这就与学生划清了界限，无形中拉开了彼此间的距离，让学生们产生抗拒心理。所以，无论张老师说得再真诚，也无法引起学生的共鸣。

反观李老师，他在班会上是这么说的："同学们，其实咱们都一样，谁没经历过青春期的小躁动呢！谁不渴望美好的爱情呢？可是咱们也都明白，早熟的果子不能吃，它不仅酸，还会让人拉肚子。咱们当前最重要的任务是学习，一切与学习不相关的事都要排在后头。道理我不多讲，咱们都明白。"

李老师刚说完，台下立刻爆发出热烈的掌声。有些学生还把自己的早恋问题通过写信的方式告诉李老师，希望得到他的帮助。

李老师所要表达的信息与张老师一样，但他说的话，学生们都听进去了。这是因为，李老师的话语没有划分界限，而是将自己摆在与学生同等的位置。一句句"咱们"，顺利打开了学生的心灵大门。

为什么仅仅两个字——"咱们"，就能起到这样的效果？这是一种"自己人效应"。每个人都害怕孤独和寂寞，希望自己归属于某个或多个群体。"自己人效应"是一种彼此影响下的心理现象，可以在他人心中建立起归属感，从而消除或减少孤独和寂寞感，以达到融洽双方关系的目的。

李老师正是利用了"自己人效应"，满足了学生的归属感要求，言语深入人心，轻而易举地赢得了大家的认可。反观张老师，总是一口一个"你"，使交流变成了"单方面的训斥"，学生心里自然会产生距离感。

很显然，仅仅通过威严、名望，是无法与他人进行正常交流的。即便你有好的建议，如果不能让对方信任，也让人难以接受。

但如果能够通过强化"自己人效应"来激发对方的归属感，取得别人的信任就不难了。将"你"转化为"咱们"，对方会感到彼此之间并无间隙，交流自然愉快、温馨。

从某种意义上讲，人际交往就是一个寻找归属感的过程。所以，与人聊天时，我们要多说"咱们"，少说"你"。

不过，在说这类话语时需要端正自己的态度，平等待人，绝不能摆出高姿态。很多时候，我们说"咱们"，目的是想得到对方的认同，而认同的前提是让对方觉得大家处在同一位置。倘若我们嘴里说"咱们"，态度却高高在上，无论言辞多么堂皇，也无法引起对方的好感。

此外，跟初次见面或不熟悉的人聊天时，不能一开口就说"咱们"，而应循序渐进，等熟悉后，再说"咱们"来巩固关系。如果双方并不熟悉，一开口就说"咱们"，得到的只会是对方的警惕。

不但会聊，还要会捧

聊天是为了慢慢加深对彼此的了解，最终获得对方的好感。而让对方感觉自己是对话的主角，是一种非常好的获得好感的方式。

诚然，与别人聊天时，我们都希望能做主角，可以掌控谈话的主动权，让对方跟着我们的思路走。但这样却会使对方处于被动和受支配的地位，甚至伤害对方的自尊心，最终让双方的交流无法顺利进行下去。

我的一位同事，在跟某机构商谈长期培训的合作事项，本来一直进行得很顺利，但是一天晚上，客户忽然联系我们领导，说改变主意了，这件事情不想再谈了。

领导当时很疑惑，连夜召集负责这个合作项目的人员到公司开会。同事也是一头雾水，说当天还邀请客户一起吃饭，大家聊得很投机，气氛十分融洽，并没有发生不愉快的事情，不知道客户为什么忽然就变卦了。

　　领导觉得这件事一定有什么误会之处，于是第二天一早就亲自上门拜访那位机构代表，询问原因和我们的疏漏之处。

　　经过一番恳谈，客户被领导的诚意打动，说道："我本来是打算与你们公司签约的，但是在昨天我们敲定签约的饭局上，我谈起了女儿最近考入重点大学的事情，这是我最近非常开心和自豪的一件事情。我说我为女儿感到骄傲，可是你的那位员工却一直在讲合作的事情，甚至没把我的话当回事。说实话，我觉得这可能代表你们并不重视我，所以我觉得我还需要重新考虑。"

　　领导回来转达了客户所说的话，同事这才恍然大悟，原来就是这样一个看似不起眼的细节，毁了他跟进几个月的培训项目……

　　这件事有一定的代表性。在我看来，聊天的过程可以说是一场战争，要想取得战争的胜利，必须讲究策略和方法，分清主次，不但要会聊，还要会捧，在与别人的交谈过程中抓住对方谈话的重点，及时跟进。只有充分尊重对方，交际活动才能顺利进行。

　　我们常说："人生在世，不必处处争第一。"与人聊天不是竞争，站在主角位置上的人不一定是胜利者，那也许是一时的风光，并不代表着长久的顺畅。我的这位同事，就是在交谈过程中犯了喧宾夺主的错误，把自己当主角，一心想着主导谈话，引领话题，这样产生的负面效应也是显而易见的。

所以，我们不妨适时地做一个好的配角，将对方摆在主角的位置，让对方感觉自己受到尊重，从而使谈话进行得更为顺畅。

中国传统的相声就是一个很好的例子，值得我们学习。在相声界有句老话："三分逗，七分捧"，说的是表演的时候看上去"逗哏"的话多，是主角，"捧哏"的话少，是配角，实际上"捧哏"的作用更重要一些。

因此，人们把"逗哏"比作划桨人，把"捧哏"比作掌舵者，这是一个很恰当的比喻。不荡桨，舟难行；缺少舵手，船就没有方向。作为"捧哏"，对"逗哏"所讲的内容同意或反对，敬佩或讥讽，提问或补充，辩论或引申，话语虽简短，却十分重要，起着引导话题方向的作用。

那些左右逢源的聊天高手，大多会努力做好"配角"，就像相声中的"捧哏"。这不仅能够让对方说得舒服、说得尽兴，还能在不知不觉中引导话题的走向，实现自己的目的。

小宋是保险公司的销售，他有一个相熟的客户是个资深足球迷，经常和他聊踢球的事情。其实，小宋本人对足球并不了解，但他只是当了一回"捧哏"，就将对方聊成了知己。

事情发生在世界杯期间，小宋知道这位客户喜欢球赛，认为这是增进感情、与客户发展长期关系的好机会。于是，他买了几瓶啤酒，带上下酒菜，来到客户家里拜访。

世界杯开始之前，两人一边吃东西，一边聊起世界杯。

客户："下场比赛是阿根廷对法国，我是阿根廷的球迷。"

"对，阿根廷是个热门球队。"小宋附和说。

"他们不只是热门球队，还是夺冠球队，前几场比赛踢得都很在状态。"客户说。

"是这个理儿。"小宋说。

"我喜欢阿根廷，不只是他们球技好，而且很有职业感，很少假摔。前一场比赛，有个其他队的队员，很明显就是假摔。"

"谁说不是呢！"小宋答。

……

看球时，绝大多数时间是客户在说，小宋在附和，所以并不吃力。尽管小宋对足球知之甚少，但客户却和他聊得不亦乐乎。这就是"捧哏"的妙处。

所以，想要和一个人建立良好的人际关系，让对方产生聊天的欲望和兴趣，你不仅要知道该聊什么内容，还要时刻把对方当成"角儿"来捧。聊天是双向的，你让别人说话，别人才会让你说话。你尊重别人，别人也会尊重你。当你摆正了自己的态度，便能赢得人心，收获友谊。

爱"自黑"的人，人缘都不会太差

生活中，很多人抗拒在别人面前说自己的糗事，觉得是一件很丢面子的事情。那么，与人聊天时，你听过别人说自己的糗事吗？如果有，当时你是什么感受？

仔细想想，当时你的感受应该是愉悦、轻松的，还能感受到对方的真诚。这么多的感受，唯独没有感到对方丢了面子。

当我明白了这一点，便经常拿自己的缺点或不足来开玩笑。比如在朋友圈晒自己做的"暗黑料理"，或是分享自己做的"脑子短路"的事情，往牙刷上挤洁面乳，坐公交车居然坐反了方向等。

"你不担心这有损自己的形象吗？"有的朋友不理解我的做法，"毕竟，你的人脉很广，工作中也一直呈现的是精干的一面。"

"你因为这些糗事而低看我吗？"我笑着反问。

"那倒没有。"朋友思索了一会儿，说道，"实际上，我对你的这些行为不仅没有反感，反而觉得你很接地气，莫名地招人喜欢。"

对于朋友的回答，我并不感到意外。因为聊天时说自己的糗事是一种另类幽默，一种趣味十足的自嘲，它所产生的"聊效"甚至比幽默风趣、妙语连珠还要好。这是一个屡试不爽的聊天技巧，能吸引他人的注意力，让人开怀大笑，获得好人缘。

前段时间，一档主持人大赛的节目中出现了一个小插曲：一名选手被淘汰出局，她很伤心，但在全场观众面前，她强忍着不让自己的眼泪流出来。

这时，主持人笑着说："不要忍着，哭出来吧，憋着容易把眼睛憋小。我从小就刚强，有眼泪就憋着，所以就把眼睛憋小了。"

此话一出，全场沸腾，连那位选手都被逗笑了。

之所以有这样的效果，是因为这位主持人以"小眼睛"而著称。为了安慰失利的选手，他不惜拿自己的"小眼睛"来自嘲，既为选手的哭泣找到了理由，又让观众听来情趣盎然、忍俊不禁，可谓一举两得。

生活中，我们几乎每天都能遇到喜欢给自己脸上贴金的人，他们总是得意扬扬地夸耀着自己的权力、财富、地位，恨不能吸引所有人的视线与关注。如果你身边有这样的人，相信你也能体会到，他们的种种表现在周围人的眼中，无异于小丑逗乐罢了。

而那些坦然接受自己的缺点和不足、敢于拿自己开玩笑的人，反而能让聊天对象开心，拉近与聊天对象的距离。可见"自黑"这件事，如果运用得当，很多时候能够产生出人意料的效果。

有一次，我与小延一起吃饭，中途偶遇几位朋友，一起被拉去唱歌。到了唱吧后，小延非常安静，一直帮着别人点歌。因为他唱歌水平一般，不想露怯，尤其不喜欢在众人面前唱歌，但那几位朋友却一直催促小延唱歌。

小延盛情难却，也不好过于严肃地拒绝，于是开启了"自黑"模式："我没有音乐细胞，唱歌就相当于在清场，大家都会被吓跑了。所以，你饶了我，就等于饶了大家啦！"

朋友们听了哈哈大笑，也就不再强劝小延唱歌了。

不论是大人物还是小人物，"自黑"无疑都是博得别人好感的有效方法。大人物"自黑"可以化解他人的嫉妒与攻击，避免冲突，维护自己在公众面前的形象；小人物的"自黑"则能苦中作乐，减轻自己心理压力的同时，缓和人际关系中的冲突与矛盾。

"自黑"是一种智慧的体现，同时反映了一个人对语言的驾驭能力。一个善于聊天的人，必然具备说出自己糗事的勇敢，拥有一颗让他人开心的心。这样的人在他人心中往往是坦率、真诚、自信的，令人肃然起敬。

　　而要成为这样的人，除了懂得运用适当的幽默，更重要的是要拥有豁达的胸怀、乐观的心态和超脱的境界。

别人在心碎，你要会安慰

"人生不如意事十之八九"，任何人都可能遇到不顺心的事情，都可能有需要安慰的时候。不过，当别人向你诉苦或抱怨时，既要有一颗希望替对方排忧解难的诚心，在安慰对方时也要方法得当。"安慰"一词本是褒义，基于关心和体贴去开解别人，本该收获感恩和感激，可如果你做了不恰当的安慰，非但起不到安抚对方心灵的作用，还会引起对方的厌烦和痛苦。

小马是一个性情直爽的女孩，骨子里带着一股子侠气，是那种二话不说就能为朋友两肋插刀的人。小马有一个好姐妹叫小米，两人既是邻居，又是同学，伴随彼此走过中学时代，并在同一所大学完成了学业。毕业后，她们去了不同的公司，虽然工作紧张忙碌，但她们仍经常见面聚会，一见面就叽叽喳喳说个不停，感情好得让人羡慕。

前一阵子小米交了个男朋友，两人天天见面，甜蜜得如胶似漆。小马劝过小米无数次，让她不要如此匆忙地投入一段恋情。但小米已经被爱情冲昏头脑，哪里听得进别人的意见。结果，这段恋情仅仅维持了三个月。小米哭得眼睛都肿了，跟小马哭诉自己的遭遇。

小马看到好姐妹那副凄惨的样子，既心疼又生气，本想好好安慰一下她，可话到嘴边却变成了伤人的话："你就活该，天天作，臭脾气上来谁也拦不住，这下好了，被人甩了吧。我是不是说过你，就你的大小姐脾气，天生就该是这命……""你没见过男人啊，不就是失恋嘛，想开点，天下男人多的是……"

她的话还没说完，小米突然大声喊道："你还有完没完，损人还上瘾了是吧！我失恋，你是特别幸灾乐祸，还是心理平衡了？"

小马很纳闷："你说什么呢，我不是在安慰你吗？谁幸灾乐祸了？"

小米哭着大喊："你这才不是安慰……我失恋了，很难受，你还说我的各种不好，这不是故意往我伤口上撒盐吗？你安的什么心！"

小马在那一刻呆若木鸡。她想不通，自己的好心安慰在姐妹那里为何却变了样。

安慰别人的时候，不少人会像小马那样，用一堆大道理劝说别人，如想开一点、不要难过。然而，这真的不是一种好办法。道理人人都懂，说不定当事人比你想得更清楚，毕竟对方是亲身经历，往往比局外人想得更深入。

何况你不是当事人，无法体会到对方的付出，无法体会这份感情对他来说多么重要。很多时候，你并不完全知道具体发生了什么，只是站在一个旁观者的角度，不会有切身感受。你轻易给出的建议未必正确，反而可能让对方产生抵触情绪，进而引发矛盾。

实际上，最好的安慰就是共情。也就是说，我试图想象、理解、体会你经历了什么事情，遭遇了怎样的心理过程，产生了怎样的情绪变化，然后跟你一起想出适合你的解决方法。既然对方愿意向你倾诉，说明对方内心信任你，也需要你的理解。

那么，如何用共情的方法来安慰别人呢？这里为大家提供三个非常简单的方法：

1. 不带任何评价地倾听

相比一个说教者，人们更需要一个倾听者。倾听是比任何劝慰都有效的一种安抚。所以，面对主动寻求安慰的朋友，不要急于做主观的判断和评价，要耐心地倾听。当我们愿意花费自己宝贵的时间和精力，倾听别人的难处，让对方的情绪得到缓解时，对方心里多少会感到好受一些。

"你就活该，天天作……""不就是失恋嘛……"当小马这些话说出口的时候，也就意味着她否定了小米内心的感受，没有理解和体会小米的痛苦。缺少共情与理解，这只会增加对方的痛苦。如果小马能更好地表达"我能理解你""我会一直陪着你"，效果自然会好很多。

2. 尝试进行角色扮演

当你了解了对方所经历的事情，可以回忆自己所经历的类似事件。如果没有经历过，不妨把自己放到对方的位置，感受他所经历的那些负面情绪、承受的压力以及产生的困惑。然后，问问自己："如果我是他，我现在会是什么心情？""如果遇到这种情况，我会怎么做？"

这种角色扮演，目的就是让你放下以自我为中心，走进对方的心理世界，用心体会对方的纠结，真正了解当下的他。只有这样，你才能给出比较客观的建议："如果我是你……"即使这些方法不一定有效，但至少让对方看到你的努力和真诚，让他知道你是真的关心他，从而得到一些心理安慰。

3. 及时转移对方的注意力

为了减轻对方的心理负担，聊天时我们还可以采取转移话题的方法，及时让对方从一件悲伤的事情转移到其他事情，暂时忘掉烦恼。

　　堂妹是一家物业公司的客服人员，这份工作看起来毫不起眼，而且经常遇到难缠的业主，但堂妹却做得非常优秀。这并非堂妹口才好，而是因为她懂得安抚别人。

　　前段时间，姑妈炒股亏掉了十多万的血汗钱，心情十分低落，天天不吃不喝，躺在床上发呆。这是"心病"。姑父虽然气恼，但更担心姑妈的身体，再三安慰她："后悔也没用，该吃饭还得吃饭。""钱没了就没了，以后还可以再赚，身体出了问题，那就麻烦了。"

　　然而，姑妈的精神状态依然糟糕，堂妹得知情况后，主动前来安慰姑妈。"姑妈，我知道您这几天心情不好，"堂妹一边说，一边抚摸着姑妈的双手，"我们都很担心您，您知道吗？"

　　姑妈深深地叹了一口气，没有说话。

　　"我理解您，当初炒股是希望多赚些钱，让家里生活条件变得更好，您的本意是好的。"堂妹继续安慰着，"但是炒股本身就有风险，这样的结果任谁都会难过。如果我是您，也会茶饭不思的。"

　　姑妈听到这里，眼泪忍不住流了下来，释放出来一阵哭声。

堂妹轻轻抱住姑妈，柔声道："我知道您最爱吃火锅了，现在我们就去吃火锅。吃了这顿火锅，我们的日子一定会和火锅一样红红火火的。"

至此，姑妈的脸上终于露出了一丝笑容……

寻求宣泄的人往往处于一种非理性状态，这个时候，用理性的道理去劝慰非理性状态的个人，结果可想而知。所以，我们大可不必殚精竭虑思考解决的办法，只需踏踏实实倾听、真心诚意共情即可。

用细节刷出好人缘，人生会有大转变

曾经有一部电视剧叫《别对我说谎》，这部剧的主题是，通过对人的面部表情、身体动作、说话声音和言辞的观察，来探测人们的心理活动，还原事件真相。

关于这一方面，有位著名心理学家说："与人交流时，只要多关注对方的细微动作，对方的心思就会完全暴露在你眼前。因为不论多么不经意的小动作，都是由心理活动引发的，都能彻底暴露埋得很深的心理状态。"

世上从来不存在毫无缘由的喜欢或讨厌，即便第一次见面的人，所产生的好感或恶感，必然能够找到根源，只是很多时候，这种根源隐藏在一些细节里，容易被人们忽略。

很多人羡慕小乔的好人缘，觉得他天生讨喜，身边的人都喜欢找他聊天。但小乔自己并不这么认为，世上哪有这么多的"天赋异禀"。所谓的"讨喜"和"好人缘"，都是好感一点点累积达成的！他一直觉得，人与人之间好感的建立，实际上是从一些小细节开始的。

比如，每当遇到陌生人，小乔都会记住对方的名字，下次再见，他总能准确地叫出对方的姓名，让对方感到惊喜，因为他的细心而对他好感倍增。

又如，聊天时，小乔会保持适中的语速、适当的音量，还会根据具体情况说出最恰当的话，这样既不会给谈话对象带来压力，又能给他人留下沉稳的印象。

毫无疑问，小乔所说的每句话，都能够帮助他"刷好感"。

和人聊天时，我最不喜欢的就是一句话还没说完，对方就迫不及待地横插一杠，然后把话题接过去。我会觉得这是对我的不尊重，尽管自己会默不作声或者隐忍不发，但心里却充满不悦，进而失去和对方继续聊下去的欲望。更糟糕的是，一旦被人贸然打断，整个谈话思路都会断掉。

相反，如果在聊天的时候，对方认真地聆听我说话，不随便插话和打断，而是等我说完再发表自己的观点。我会觉得他很有修养，懂得尊重人，就会对他的印象加分，想要继续聊下去。

"任何伟大都是由无数的微小累积而成的。"这是累积定律，同样适用于谈话。所以，想让人喜欢和你聊天，你就得时刻展现出值得别人喜欢的特质，或善良，或诚恳，或热情，或礼貌。这些都是通过一个个的小细节来体现的：

聊天时，要精神饱满地面对别人，并保持一种平等交流、气定神闲的态度，这样自信的你会给人留下大有作为的印象。

在社交场合，声音不宜过高，音量让人听清即可，一般以柔和的谈吐为宜，明朗、平和、愉快的语调最吸引人。

谈资要翔实准确，添枝加叶、主观臆想或者把道听途说的信息当作谈资是不可取的。例如，在对 ××× 不了解的情况下，却大谈特谈 ××× 的种种，这是不负责任的表现，怎么可能获得他人的认同与好感？

话不要说得太满，别轻易许诺，要留有一定的空间。多用"这事我一定尽力而为""如果不出意外的话，应该没问题"之类的说法，既无损诚意也显得谨慎，留有回旋余地，可以让别人更信赖你。

……

这些细节有时很容易被忽视，所以我们平时要谨言慎行，反复提醒自己注意，让这些细节慢慢成为自己的习惯。

当然，聊天时保持自然为上，也是一个极其重要的细节。

正是这样，别人喜欢你，是因为你是你。

第六章

职场聊天有禁忌，话到嘴边细思量

工作场合，负面话最好别说

　　有些人常常在聊天中使用隐藏的"语言暴力"，也就是负面话语。这种语言在谈话沟通中起不到好作用，在职场中使用更是大忌。

　　遗憾的是，有些人总是不自觉地说负面的话语，带着不满的口气，这样的人充满了负能量，自然不会受人欢迎。尤其是在职场，人人避而远之。

　　同事小文为人真诚、乐于助人，按理说，这样的人走到哪儿都很受欢迎。然而事实恰恰相反，大家虽然愿意与她交往，却不愿意与她多聊。因为小文就像一个深闺怨妇，与人聊天的话题不是消沉低迷，就是抱怨连连。

　　国庆节后的第一个工作日，午休时间，大家聚在一起高高兴兴地分享着假期生活。没聊多久，小文就开始喋喋不休地大吐苦水。

"这个假期我一直在家照顾老小，累都累死了。"

"我的婆婆真讨厌，一天到晚说三道四，真想用针把她的嘴巴缝起来。"

"我的婚姻一定不会长久，我老公一点都不负责任。"

······

一听到小文说这些，有些人马上转身回了工位。大家都知道小文的为人，想要耳根清净，只能拒绝倾听。

起初我和另一个同事还安慰、开导小文。但是，善意的劝慰往往会令小文的情绪更加激动："我这个人其实很不幸，在家里不受婆婆和老公尊重，在公司也不受领导重视。我的工作总是这么多，我看肯定是老板故意针对我。"

"公司最近正准备转型，每个人的任务都挺重的。"我宽慰道。

"真不知道你们怎么想的，"小文压低声音说，"咱们干得再卖力，到头来只是公司盈利，这么拼命值得吗？不是我说，到时候公司转型成功了，大家因为专业不对口却失业了，你们就知道哭了。"

我只好尴尬地笑笑，不再说话。

其间，我留心统计了一下，小文接下来说的话几乎都是负面的。

"现在市场日新月异，公司还有发展前途吗？"

"到时候再来一批新人，年轻有干劲，咱们只有被辞掉的份儿。"

……

坐在小文旁边的我，从始至终都充当着一个情绪"垃圾桶"。终于，小文回到了自己的工位，而我的心情却变得有些糟糕。我上午原本在写一份工作报告，现在却因为乱糟糟的情绪，失去了继续写下去的动力。由此可见，与带着负面情绪的人聊天，是一件多么可怕的事情，我提醒自己以后要远离小文。

为什么大家都不喜欢小文？为什么她在生活中处处不如意？原因就在于她总说负面话。心中没有阳光的人，也无法给别人带来温暖，和谁的关系都不会融洽。

这并不难理解，人都是有情绪的，而情绪是会传染的。回想一下，面对赞许你的人你有何表示？你肯定会高兴，报以微笑，非常和善地和对方交流。面对一个愁眉苦脸、总说负面话的人，你又有什么反应？相信你的心情也会变得低落起来，甚至无端生出诸多愁绪。

仔细想想，你抱怨生活中的种种不如意，抱怨工作中的郁郁不得志，其实，这一切都是因为你的言语中有着太多负面的东西。话说出来是让别人听的，没人喜欢总和一个"愤青"聊天。这种愤世嫉俗的说话方式会给别人造成很大压力，又怎能建立和谐的沟通关系呢？

一个人之所以处处受人欢迎，就在于他们很少将负面的话挂在嘴边，并善于在内心将不良情绪转移到良性的轨道上。

高姨是社区的工作人员，无论什么时候看到她，她总是乐呵呵的。

婆婆偏瘫多年，高姨每天除了上班，还要买菜做饭、收拾家务，给老人喂饭、擦身、换洗衣裳等。生病的老人身子很沉重，忙完这一切，高姨常常累得满头大汗，浑身像散了架似的。高姨的老公并非独子，还有一个哥哥，但从来不帮忙照顾，只是偶尔过来看一眼。对此，高姨从不抱怨，仍然笑呵呵的。

有邻居替高姨打抱不平，她笑笑解释说："他们工作都太忙了，再说家里有个老人多好！'家有一老，如有一宝。'"

高姨心态好，精神好，又孝顺，和她聊天非常愉快。她在小区里是出了名的好人缘，老人喜欢，孩子喜欢，同龄人也喜欢。而且，她的付出，家人全都看在眼里，老公更加体贴，回家后抢着分担家务；儿子在她的耳濡目染下，小小年纪就孝顺懂事，大概是看到母亲这么辛苦，所以学习从不让她操心，一直品学兼优。

少说一些负面话，多说一些积极话，会带给人一种愉悦感和舒适感，让大家的心境都明亮开朗起来。这样的人，即使不优秀，也会让人很想靠近。所以，当我们与人聊天时，一定要细细斟酌要说的话，如果有负能量，就自觉吞到肚了里，或者将其换成积极的话再说出来。

要知道，所有领导都喜欢积极向上的员工，当你口中说出的总是积极的话，领导会认为你对工作充满热爱和激情，你也会因此获得更多的机会，得到更快的成长。成长带来的精神愉悦和物质激励，会让你看到自己的价值，从而更加乐观，进一步激发工作热情，形成一个良性循环。

闲谈莫论人非是一种修养

　　或许你也有过这样的体会：有些人在公司里资历平平，也并非身居高位，却有着非常好的人缘；有些人虽然能力很强，在领导面前吃得开，在客户面前八面玲珑，还被提拔为小领导，但大家除了工作上的交流，都不愿跟他多说话。这是为什么呢？看了下面这个案例，也许你会有所领悟。

　　孙姐是公司的会计，从入职到现在从没出过一次差错。不过，认识她的人都知道，她在公司有"八卦之王"的称号。公司上下，不管她熟不熟悉，但凡有人发生了什么事情，比如谁要被公司裁员了，谁的男朋友很帅，谁最近遇到了烦心事……她都要打探、八卦一下，并在背后议论几句。

　　有一次，有位同事失恋了，心情很低落。孙姐发现后，立马像查户口一样，揪着同事问东问西，想要对男方各方面都了解清楚，弄得同事非常尴尬，不想再搭理她。但孙姐仍然东一句、西一句地说着，让同事本就糟糕的心情变得更加糟糕。

渐渐地，大家都不愿意接近孙姐，她自己倒不觉得这有什么不妥，只不过是茶余饭后大家的谈资罢了，而且还为自己成为公司的"八卦之王"而沾沾自喜。

这天中午，孙姐外出办事，无意中看见新来的前台和副总在一家饭店吃饭，而且有说有笑。这位副总已经结婚生子，孙姐顿时觉得自己发现了新大陆，风风火火地跑回公司，无比兴奋地跟同事打开了话匣子："你们知道吗？我刚刚看到前台和副总约会呢。""副总看着很正派，原来也这么花心！""我猜前台就是靠这个关系才进的公司，你们说是不是……"

正所谓"坏事传千里"，不到一个下午的时间，前台和副总关系暧昧的消息就在公司传得沸沸扬扬，并很快传到了前台耳朵里。

前台的脸涨得通红，眼里噙着泪，气愤地对孙姐说："公司的人都说我和副总有暧昧关系，还说是你亲眼所见。你知道事情的真相吗？你什么都不知道，就这么胡说八道。"

孙姐自知理亏，但嘴上也不愿示弱，辩解道："我哪有胡说八道！我看到什么就说什么而已！你和副总就是在一起吃饭了，而且很是亲密。"

"那就代表我们暧昧吗？"前台追问。

孙姐不死心地说："你倒是说说你们到底是什么关系？"

前台好气又好笑地说："看来你真的很想知道，我们还真的关系不一般，不过我懒得跟你说话，有胆你就去问副总吧！"

前台是按照正规招聘程序进的公司，但因为是副总的女儿，为了避嫌，在公司也会刻意回避，因此，几乎没人知道这件事，他们也从来没跟别人提起过。

知道事情的真相之后，孙姐只好低着头给前台和副总道歉。可这件事的影响实在太坏了，公司领导层觉得孙姐的言行有失妥当。

事情发展到这个地步，孙姐后悔也已经晚了。

诚然，谁人背后不说人，谁人背后无人说。可孙姐受到惩罚一点都不冤枉，她背后说人闲话实际上是一种道德低下的表现。这种没有修养和口德的人，往往只顾着逞口舌之快，而忽视别人的感受，自然不会招人喜欢。

可以说，背后说人闲话是一种损人不利己的表现，这样的人不仅会让别人受到伤害，还会让自己成为不受欢迎的人。有些宽容的人，可能不会计较，选择一笑而过。若遇到较真的人，就会针锋相对地与之理论，到时尴尬和面子受损的人只会是散布闲话者。

因此，职场中千万要管住自己的嘴巴，不要说人闲话，更不要说人坏话。即便有人和你议论别人，若无法拒绝，也应该做一个沉默者，不闲言碎语，不传播谣言。

在这方面，小安就做得非常好，值得我们学习借鉴。

小安是某高校的一位教授，也是一个深受欢迎的人。他人到哪里，哪里就响起欢声笑语。听见别人议论东家长西家短的事情，他绝不附和。

有一次，一个同事急急忙忙地跑到小安跟前，说："我有个消息要告诉你……"

"等等！"小安打断同事的话，"你要告诉我的消息，是真的吗？"

"不知道，我是从街上听来的……"同事解释道。

小安摇摇头："如果不确定真假，至少应该是善意的。"

同事犹豫地说："我不太确定……"

小安打断同事的话："我要问你，这个消息重要吗？"

"不算重要。"同事不好意思地回答。

小安意味深长地说："既然你要告诉我的事既不真实，

也非善意，更不是重要的，那么就别说了吧。如此，那个消息就不会干扰你和我了。"

有句古训说："静坐常思己过，闲谈莫论人非。"多谈论是，少言及非，这也是我们在职场上的生存之道。

管住自己的嘴，别人的议论听着就是了，能不插嘴就不插嘴，更别把这当成谈资跟别人八卦。当你不对别人品头论足、评判是非曲直的时候，就不会惹祸上身，就不会导致人际上的冲突和障碍，怨恨也就会远离你。

同事关系再好，有些话也不能说

生活中，每天和我们相处时间最长的除了家人，就是同事。同事不仅在工作上给予我们一定的支持，也是我们的良师益友。但不管关系多好，有一点需要谨记：不是什么话都可以跟同事说的，有些话说了可以促进同事之间的感情，有些话则恰恰相反。

这并非危言耸听，而是有感于事实的肺腑之言。

小李是名校毕业的高才生，业务能力很强。按理说，这样的人在企业里应该混得风生水起，但现实却是，小李入职没多久就被解雇了。

这和她藏不住话的性格有关。

上班第一天，小李就兴奋地在朋友圈说，她在新单位遇到了一个老乡，对方对她特别关照，可谓一见如故。在职场，结识真朋友的概率较低。所以，小李感慨自己运气真好，把对方引作好姐姐和好知己。茶余饭后，她们经常小聚，相谈甚欢。

小李年近三十，依然单身。当老乡问及她的情感生活时，她也坦诚相告："我之前交过两个男朋友，一个劈腿成瘾，一个不求上进。现在我想明白了，过好自己的生活才是最重要的，爱情这种东西可有可无。不过，说真的，我倒希望这次换工作，可以事业和爱情双丰收，毕竟自己年纪也不小了。"

小李的职位是经理助理，平时负责公司会议的日常事宜。没几天她就发现，无论大小会议，经理很少思考发言内容，总是让她提前准备发言稿。

有一次和老乡一起逛街，小李好奇地问道："李经理是什么学历？上过大学吗？"

"上过呀，还是名校毕业，怎么了？你怎么好端端地问这个呀？"老乡问。

小李口无遮拦地说："经理开会前总要我提前备稿，我觉得他能力平平，还以为他没上过大学，可能只是高中毕业呢。对了，你说他的学历是不是假的？"

老乡听后干笑两声，没有回应。

隔了两三天，小李发现同事看自己的眼光有些异样，甚至一边窃窃私语，一边偷笑。她经过了解才知道，同事们背后说她是个"轻浮"的女人，同时和几个男人纠缠不清，这次来公司就是为了钓个"金龟婿"。

更让小李没想到的是，有一天经理拿着他的毕业证书，"啪"的一声拍在小李的桌子上，让小李看一看他的学历是不是假的。这个举动让小李尴尬极了。

就这样，没过多久，高才生小李就被解雇了。

事后，小李得知这一切都是那个老乡所为，她内心愤愤不平地对我说："我真是看走眼了，没想到她是这样的人。"

我向小李表达了自己的看法："她做得的确不对，但主要责任在你。"

小李一脸不解："我有什么责任，只不过是为了拉近同事间的关系才说那么多。"

"你什么都和对方说，并期望对方为你守口如瓶，你怎么就没想过万一她是个大嘴巴呢？万一她别有用心呢？"

后来小李了解到，这位老乡在职多年兢兢业业，一直想升为经理助理。谁知公司却另聘人员，也就是小李，所以她一心想把小李拉下来。而小李，恰恰给她提供了机会。

在这个案例中，小李被解雇完全是因为她跟同事聊天时，对同事无所不谈，才使她在职场上寸步难行。

职场是关系与利益纠结汇聚之所，我们与同事既存在合作关系，又存在竞争关系。当利益一致时，同事之间关系熟络，常有互相袒露心扉的时候。但当利益有了冲突，或者关系破裂，这些话往往会成为对方威胁你的"把柄"。

因此，我们要牢记，与同事聊天时，话到嘴边一定要留三分，说出去的话也要再三斟酌。

一般来说，我们不能与同事聊下面几个话题：

1. 不要私下议论领导

"今天老板的脸色好臭呀，难不成被老板娘罚跪搓衣板了？"

"老板的品位真差，身上的衣服搭配得跟七彩祥云似的。"

"老板的脑子是豆腐做的吧？瞧瞧这项决策让公司蒙受了多大损失！"

……

领导是人，有优点，也有缺点。私下议论领导，尤其是议论领导的不足和私事，是职场中最忌讳的事情。不要以为领导不知情，办公室里没有不透风的墙，往往你刚说完，下一秒就已经传到领导的耳朵里。领导听到后心里肯定不舒服，心胸狭窄的领导也许还会在工作中为难你，这样一来，加薪升职也就轮不到你了。

2. 不要涉及个人隐私

职场人每天至少有八个小时待在单位，和同事除了谈论工作之外，还会涉及很多话题，注意千万不要将自己的私生活暴露在同事面前。特别是过于隐私的话题，更要做好保密工作。

同事之间没有保密可言，也许你只是想找个人倾诉一下，但却可能变成整个办公室人尽皆知的话题，进而破坏你苦心营造的职业形象，甚至沦为别人眼中的笑柄。

3. 不谈自己的职业规划

身在职场，相信每个人都有自己的期望和规划。当我们与同事闲谈时，有人可能会提及这方面的话题，此时你可以参与，但一定不要多说。也许你认为这事无关紧要，对其他人没有什么影响，所以就毫无心机地说了出来。但真的无关紧要吗？你的职场规划一般包含着自己的职业向往或是晋升之路，说不定你的同事就是你的竞争对手。"知己知彼，百战百胜"，想想看你将面对的会是什么？

4. 不要透露自己的薪酬

在一家企业里，每个人做的事情不同，位置更是不同，虽然都是每天固定时间上下班，但工资却可能存在很大差异。

入职前，很多企业会让员工签一份有关薪酬待遇的保密协议，如果你和同事谈论这个话题，就违反了公司的规章制度，而且会人为地制造不公平，产生一系列的连锁反应。如果你的工资比别人高，同事会对你产生嫉妒，甚至找领导诉说，认为不公平。如果你的工资比同事低，则会打击你的积极性和自信心，于人于己都没好处。

　　记得刚参加工作三年左右，鉴于我在单位的表现还算可以，老板将我叫到办公室，表示从下个月开始给我加工资，而且加的幅度还算可观。

　　这是一种被认可，回到工位后我一脸笑意。在同事的再三追问下，我把加工资的事情如实相告。同事听了之后，脸上露出失望的神情，并说自己明明上班更早，为什么老板迟迟不给他加薪。

　　没过几天，老板喊我谈话，结果不仅没有给我涨工资，还对我进行了口头警告。

　　这件事让我记忆犹新，自此再也不敢向同事透露自己的工资。

职场上，凡事要凭自己的真本事，多做事少说话，小心祸从口出。知道什么话应该说，什么话不应该说，才能在职场上发展得更顺利。

意见对立时，别抬杠多讨论

身在职场，难免会遇到与自己想法相左的同事，这时，不少人会想方设法地说服对方，在口头上"争赢"，想在气势上压倒对方。于是，在说服的过程中，稍微控制不好情绪，就会抬杠、争论，最后闹得双方都不愉快，甚至水火不容。

其实完全没必要，遇到工作意见不统一的情况，面红耳赤地争执、抬杠到对方哑口无言，对解决问题没有任何作用。不妨面带微笑、心平气和地讨论。

朋友小鸣工作能力很强，不久前，他得到了一个竞选总监的机会，这是他梦寐以求的职位。即使还有另一个同事与他一起竞选，他也毫不担心，因为明眼人都知道他的能力比那位同事强很多，大家一定会明智地投他一票。

然而，现实狠狠地打了小鸣一巴掌，因为同事们都把票投给了竞争对手，他只得了寥寥几票，与总监之位失之交臂。小鸣的心情可想而知，他想不明白，为什么同事们都把票投给能力不如他的竞选对手。

后来，一位领导见小鸣整天闷闷不乐，做事也失去了积极性，便私下告诉他原因："小鸣，不可否认，你的确很出色。但是，出色并不能让人信服。在与同事想法不同时，你应该学会控制自己的情绪。只有心平气和地与人讨论，大家才会对你信服。"

领导的话让小鸣恍然大悟，他想起自己每次与同事意见不一致时，总是带着激烈的负面情绪与人争论，想着一定要比对方强，最后讨论演变成争执。虽然每一次同事们都败在他敏捷的才思之下，但也因此厌恶他，使他失去了人缘。

有错就改，善莫大焉。小鸣意识到自己的错误后，决定改变自己。此后，遇到与同事想法不同的时候，他开始控制自己的情绪，不再与人抬杠，也不再反驳，而是用和风细雨的方式与对方讨论。渐渐地，大家对他有了改观，他的人缘也一点点地好了起来。

每家企业都提倡集思广益，但真正被采纳的意见少之又少。这就意味着，想让自己的意见被采纳，就不得不与他人的意见

"对战"。倘若在这场"战争"中，用犀利的言辞与人争论，哪怕胜利了也没什么值得欣喜的，因为跟人抬杠本身就是一种不礼貌的行为，让人感受不到尊重，进而失去人心。

我们要明白，工作中意见不统一、想法不同，是很常见的事情。抬杠和争执并不能让我们的意见被接纳，平和地讨论才是解决意见不统一的最好方法。此外，我们不能保证自己的意见就是正确的、最好的，只有经过充分讨论后的意见才是众望所归的。

所以，讨论之时，我们第一步要控制自己的情绪。不可否认，每个人都有一颗争强好胜的心，当好胜心太过强烈时，就会控制不住自己的情绪，表现为大声与人说话，不注意管理自己的表情，不假思索、脱口而出，想方设法用话语压制对方。种种行为，最终将讨论变成一场口舌之争，这个结果显然不是我们所乐意看到的。

第二步，在彼此情绪稳定的状况下，有条理地说出自己的观点。每个人都有自己的认知，这种认知各有不同，甚至各有千秋。跟人讨论时，我们不可能凭着一个观点或几句话就将人说服，这个过程极具条理与逻辑性。所以，在表达想法与观点时，一定要有条不紊地去说，才能让对方心里的天平向你这一边倾斜。

第三步，给对方说话的机会。既然是讨论，就应该是你一言我一语，每个人都有说话的机会。这就好比一场聊天，倘若一个人不停地说，变成独角戏，一定会让他人心生不满。哪怕我们说得再对、再美妙动听，也无法让人信服。正确的做法是保持冷静，耐心地聆听他人的说法，等他人说完后再发表意见。

有的时候，如果争论过于激烈，我们还可以先认同对方的观点，等对方的态度有所缓和之后，再说出自己的想法。这不是认怂和软弱，而是一个聊天的策略。先用这个策略稳住对方，让对方不至于情绪失控，然后再巧妙地讨论，事情就会变得容易多了。

琪琪是采购部的一名员工，在公司工作了五六年，虽然每天事务烦琐，但她和同事很少发生矛盾。即便有意见不同的地方，她总能第一时间处理好。

这天，琪琪和同事外出采购一种环保办公用纸，两人先去了距离单位最近的一家印刷厂，一进去就闻到一股难闻的气味。同事皱着眉头说："连卫生都搞不干净，坚决不能在这里采购，我们赶紧走吧！"

听到这话，琪琪知道同事有点不高兴，但是既然已经来了，也不能什么都不问就走。不过，如果她这样说，同事肯定会不高兴，于是，她赶紧赞同地说："就是！既然是环保用纸，就应该抓好卫生，这个地方确实有问题。"

看到同事脸色缓和了一些，琪琪接着说："不过，我们已经过来了，是不是应该先了解一下？也许人家还没来得及收拾，也许这就是环保纸的生产工序呢！咱们先问问其他情况，比如价格，也好有个参考！"

同事点头表示同意。

之后，他们又来到另一家印刷厂。这家印刷厂在本市比较出名，生产环境很好，但报价却比之前那家贵。

同事立即打了退堂鼓，对琪琪说："这实在太贵了，咱们再去别的地方转转吧！"琪琪又采取之前的策略，笑着说："没错，这家实在太贵了！不过，贵肯定有贵的原因，咱们进去再多问问、多看看。"

经过打听，他们得知这家印刷厂的纸张可回收，回收时按纸张单价的20%给价。同事态度很坚决："那有什么用，价格贵就是贵。"

琪琪笑着说："我知道你在考虑成本，你一贯都是这么认真负责。但是领导很重视环保，这种可回收的纸张，他肯定满意。而且，回收价到时也能节约一部分开支，这样算下来，其实贵不了多少。"

听到琪琪这么说，同事的情绪好多了，最终同意了她的选择。

看得出来，琪琪是个聊天的高手。每次和同事意见不同时，她都是先站在同事一边，赞同对方的说法，等到赢得对方的信任且对方情绪稳定之后，再说出自己的想法。正因为如此，同事才会听从琪琪的意见，两个人自然也不会发生争吵。

　　一个在职场混得风生水起的人，必然有一个冷静的头脑，在与人意见对立时，绝不会与人抬杠、争执，尤其是对方情绪不好、措辞激烈的时候。相反，他们会保持冷静，耐心讨论，让对方感到观点得到认同，感觉自己是被理解、被尊重的，进而更愿意听听你是怎么说的。如果你的意见确实有道理，想法确实不错，相信对方最终会认可。

欲抑先扬，让批评也娓娓动听

金无足赤，人无完人。我们工作中接触的上司、同事、下属，由于各种各样的原因，难免会犯错误。这个时候，你会如何处理呢？

也许你会直言不讳地批评对方，但是，任何直率的批评都会令人厌烦——因为没有人喜欢被批评，它只会让人采取防守的姿态，竭力为自己辩护，甚至被激怒，导致激烈反抗。

这一点其实很好理解，设身处地地想象一下，当你犯错误时，也许你心里已经承认了，但如果对方尖锐有力地指出你的错误，你可能会为了维护尊严，用激烈的言语进行争辩。所以，用直接批评的方式与人沟通，无疑会使谈话不欢而散，还会深深伤害彼此的感情。

一位公司高管，他有一个很形象的绰号，叫作"一扇老橡木做的门"，意思是说他听不进去任何批评的声音，只要有人提出批评意见，都会被他毫不例外地挡在门外。

只有一个人是例外，只有他，可以在这位高管固执己见时提出批评意见并获得采纳。

他之所以有如此"神奇"的能力，就在于他发现，这位高管是一个很不喜欢当面被批评或者被否定的人，于是他在公开场合从不当面批评高管的看法，而是独自一人去高管办公室，然后用比较委婉的话陈述自己的批评意见。所以，他的意见总是可以顺利地被高管接受。

我们总是很难向别人承认自己的错误，这是人性的弱点之一，尤其是在职场。在大庭广众之下批评他人，不顾及他人的感受，结果只会让局面更加难堪，甚至激怒对方，落得个鱼死网破、两败俱伤的结果。

在不伤害对方感情的前提下，如何巧妙地表达批评，并且能够达到正面的劝导作用，是每个人都应该思考和学习的。有的时候，一次巧妙的批评比十次奖励带来的激励效果都要好。

这里介绍一种"欲抑先扬"的方法。所谓"欲抑先扬"，就是批评时先对别人的优点进行表扬，营造良好的沟通氛围，然后再委婉地提出批评。人人都爱听赞美的话，听到别人对自己的赞赏后，再听到批评时心里会好受得多。

小徐是一家商贸公司的部门主管，手底下有五十多名员工。前段时间，他发现下属阿强的工作状态不是很好，出现了消极怠工、拖拖拉拉的现象，有时还会影响整个部门的工作进度。小徐决定找阿强谈一谈，督促他认真负责地对待自己的工作。

一天早上，小徐把阿强叫到办公室，但没有直接批评他，而是询问他最近身体是否不舒服或者家里是否遇到了什么事情。

阿强回答："一切安好。"

既然没有外因影响，那肯定就是内因了。小徐决定采用"三明治法则"来劝导阿强。他先称赞了阿强做得很好的某件事："阿强，你这次写的报告我看了，写得很不错，结构严谨，一针见血，你的建议对我们的促销活动有很大的帮助。其实，从你第一天上班起，我就觉得你的个人能力很强。"

阿强听到这一番话，有点不好意思了。

"但是，"小徐继续说道，"最近我发现你有些地方表现得不太好。例如，最近的一份报告没有按照时间节点完成，还有前几天的一份材料你也上交得不及时。说实话，你的这些表现让我有些担心。"

阿强的脸有些微微发红，站在原地挠着头。

小徐沉默了一会儿，继续说道："作为你的主管，我觉得有必要向你指出这一点。如果你的这种状态继续下去，肯定会对你在公司的晋升或下一步的发展都很不利。我对你一直抱有很大的期望，也希望你在以后的工作中能够更加认真一点，争取早日找回神勇的状态。"

这次谈话之后，阿强给小徐发了一条长长的短信，大体意思就是感谢小徐给他提出的建议，指出他的问题所在，并且表示他会认真改进。

果然，阿强很快就改掉了做事拖拉的毛病，精神状态焕然一新。

很显然，小徐是一个高明的领导，他的策略明确而简单，先肯定了阿强一番，还特别强调对他的认可，这时阿强的内心多半会觉得愧疚，对小徐接下来所说的话自然听得进去，也愿意为了这样的肯定而改变和完善自己。

看似轻描淡写的几句话，比批评指责所起的作用更大。有些人之所以能将批评的话说得好听，就是因为采用了"欲抑先扬"的批评。比如："小刘，你的报告写得不错，肯定下了不少功夫。但有一个重要问题你要注意……""小斌，自从进了公司之后，你的表现很不错，就是有一点，我觉得你可以做得更好，也相信你一定愿意改正……"

为什么采用"欲抑先扬"的做法，被批评者更容易接受，效果会更好呢？这主要是因为，这一法则是从表达肯定开始的，可以营造友好的沟通氛围，让对方卸下防范心理，缓解紧张情绪，从而为后面的沟通打好基础。

这种娓娓道来的批评就像外科医生手术前使用麻醉药一样，病人虽然仍会有不舒服的感觉，但却能消除痛苦。

因此，当你批评别人或者给对方提建议的时候，为了取得最佳效果，不能过于直截了当，而要照顾到别人的面子和感受，如此，交流也会变得更加和谐、高效。

对领导的尊重，时刻不能忘

人才是企业发展的根本，有了人才，企业才能制定好的战略与前景规划，欣欣向荣地发展。因此，很多领导为了留住人才，不再高高在上，变得亲民起来。他们会与下属谈心，参加同事聚餐，开开玩笑。这样的领导是平易近人的，是员工们心目中的好领导。

不过，不管是什么性格、什么姿态的领导，都不会愿意在下属面前失去权威，而下属对他是否存有尊重，也能直接反映他在下属面前是否具有足够的权威。生活中就有那么一些人，不懂分寸，跟领导聊天时，与领导称兄道弟，随意乱开玩笑。殊不知，一些话说出口之时，就是被领导"发配"之时。

以下是一个朋友的亲身经历：

大学毕业之后，小军在一位学长的推荐下进入了一家传媒公司。

小军勤快能干，加上脑子灵活，深得上司的喜欢。上司三十出头，比小军大不了几岁，为人风趣幽默，从来不在大家面前摆架子，经常和小军他们一块吃饭、聊天、开玩笑。渐渐地，小军把上司当成了朋友，相处中多了几分随意，甚至时不时对上司调侃几句。

有一天，上司穿了一身新衣服来上班，大家都夸新衣服衬托得他更加高大帅气。当时小军就站在上司旁边，他笑嘻嘻地打趣上司："哟！今天打扮得这么帅气，是不是想给我们找个新嫂子？"上司的脸色变得有些难看，但小军没有放在心上，只当是和平时一样的玩笑，转头就忘记了。

不久，为了更好地开展工作，上司召开了一场会议，要求大家提出一些有建设性的意见。小军第一个站起来侃侃而谈，说什么"咱们是兄弟，我实话实说，你的专业能力有待提高""你考虑得不周全，部门绩效衡量标准有些不合理"……几乎把会议变成了一场批斗大会。

事后，上司心有不满地嘀咕："小军平时看着挺好，原来对我意见这么多，真是知人知面不知心。"

他对小军的态度越来越冷淡，还时不时找茬训斥他，小军为此感到困惑不已，不知道自己到底什么时候得罪了上司，做了什么错事。

小军向学长倾诉了自己的苦恼，学长和小军不在一个部门，但对小军平时的表现多少有些了解，他便直接指出："领导就是领导，他可以不在下属面前摆架子，但并不意味着下属就可以忘记他的身份！对领导的尊重，永远不能丢。你在言辞上冒犯了他，他怎会再对你好？"

听了学长的话，小军若有所思，之后在与上司的相处中也努力摆正自己的位置，只等上司心里那口气赶紧消下去。

无独有偶，在某电视剧中，女主角从原来的杂志社跳槽到某时尚公司，入职第一天，老板便神情严肃地告诉她："我不是来这里做你朋友的。"那么问题来了：既然不是做朋友，那做什么？答案很简单——上司。

在职场上，领导掌握着员工事业发展的"生杀权"，所以培养良好的关系非常重要。有了领导的赏识，再加上个人实力，你的职场之路一定会顺利得多。

需要注意的是，上下级之间有一条永远无法抹去的鸿沟，这无关尊严或平等之类的问题，而是一种正常的身份归属。领导是什么？是权威、制度。和领导关系再好，作为下属，我们也不能和领导知无不言、无所不谈，而要明确自己的身份，绝对维护领导的地位。

恭敬有余，亲密不足，这才是与领导聊天的最好方式。

就像小军的学长所说，领导可以选择用什么样的方式和下属交往，没事和下属开开玩笑、聊聊天、谈谈心等。但作为下属，我们不能忽视领导的身份。

不管领导多么平易近人，我们都要摆正自己的位置。与领导聊天时，要懂得约束自己的言行，给予领导该有的尊重，不能随意地拿领导开玩笑。就算开玩笑，也要注意尺度。

说话像命令，难怪没人听

身处职场，我们几乎每天都会从领导那里接收到各种命令。假设现在有两位领导，一位经常跟你说："你必须按我的说法去做。"另一位则说："我建议按这种方法，可能效果更好……"你会选择哪一个做你的领导呢？答案显然是后者，因为不管什么时候，建议都比命令更讨人欢心。

一天半夜，我被一位朋友的电话叫醒，他说心里难受，刚成立半年的公司宣布破产了，他解散了团队……我听了感到非常诡异。据我了解，这位朋友每天奔前忙后，忙碌又疲惫，对这次创业可谓拼尽全力。当初招聘人才时，我给他提供了不少岗位建议，还推荐了几个可靠的人选。

资金到位，人才到位，再加上辛勤努力，按理说这样的公司没理由这么快破产。对此，朋友的解释是："原因很多，员工积极性不高，业务跟不上去，资金链断裂等。"

后来经过深入了解，我才知道这些原因只是表象，问题的关键在于朋友不会说话。为了在下属面前树立自己的尊严和威望，朋友总会刻意使用命令的口吻："你们必须完成任务。""我们的业绩有些低迷，你们必须有所改观。"

我向朋友提议道："不要老用命令的口吻。"

"我是领导！"朋友质疑说，"领导不就应该命令手下吗？"

"倘若你总是被领导命令做这做那，你的内心会是什么感受？"我追问。

"肯定不好受，即便表面不反对，心里也不服气。"朋友回答后，陷入了沉思。

在工作中，不少领导习惯于命令下属该怎么做。虽说领导就是发出指令的那个人，但动不动就用"你必须"的语气，凡事都以服从自己为标准，只会换来短暂的口服心不服，久而久之，对方可能连听的兴趣都没有。毕竟世界上没有谁喜欢被命令、被支使，这会让人觉得自己不受尊重。

那么，领导该如何下指令呢？只是需要稍微改变一下说话的方式和口吻，结果就会大不一样。我们可以把"你必须这样做"替换为"我建议你这样"或是"你觉得这样如何"，从而消除下属的抵触心理，让他更愿意听你说话，接受你的指令。

小美是一家幼儿园的老师，许多人认为，孩子是最好领导的，可有时孩子也最让人头疼，尤其是性格比较执拗的孩子。再加上父母的娇惯，想让他们听话更加不容易。你让他们好好坐着，他们偏要动来动去；你让他们安静地睡觉，可一转眼，他们就和旁边的孩子说起话来……

正因为如此，幼儿园的老师时常被班里的"小恶魔"们搞得精疲力竭。小美却没有这样的烦恼，她班上的小朋友都非常听话，从来没有特别捣乱的情况。即便出现一些状况，只要小美一开口，他们也就乖乖地听话了。其实，小美并没有什么神奇的魔力，只不过她的说话方式和语气与众不同。

很多时候，小朋友做错了事情，其他老师会说"不要这样做""不许捣乱"；小朋友不好好睡觉，其他老师也会哄着，可说话却用命令的语气："小朋友都已经睡了，你可不能捣乱！""如果你不睡觉，我就生气了！"小美不一样，她更喜欢这样和小朋友说话："我建议你好好看会儿书。""我希望你能够坐好，可不可以？""我们是不是该睡觉了，这样下午才会有精神啊！"

因为工作表现出色，小美每年都被幼儿园评为优秀教师。她由衷地感叹："命令容易让孩子产生逆反心理，你越命令他做什么，他就越不做什么。即便他乖乖地听你的话，但内心也会对你的命令产生反感，所有的听话行为都是出于对我们的害怕，并不是真的心悦诚服。所以，我们应该少命令，多商量和建议。"

不仅是大人，就连孩子也不愿听从别人的命令。

所以，想要更好地与别人交谈，应该避免用命令的口吻生硬地要求别人应该做什么，不应该做什么，而应该多使用温和的口吻说一些建议的话，这样别人才更愿意接受你，发自内心地喜欢和相信你。

第七章

情场得意有套路，"脱单"全靠甜蜜语

☑ 相亲的时候，自信大方是关键

☑ 想要俘获女神的心，关键就在于聊

☑ 哄女朋友的正确方式

☑ 爱人不是越好越夸，而是越夸越好

☑ 斗嘴，增加情趣，斗出甜蜜

相亲的时候，自信大方是关键

周末的天气不错，我到离家不远的一个公园散步。走到一个凉亭时，发现亭子内外人满为患，或站或坐，或三五个围在一起说着什么，但无一例外手里都拿着一个大纸牌子，牌子上写着相同的两个字：相亲。

我好奇地在亭子外逛了一圈，发现一个角落里站着一个长相比较帅气的小伙子。小伙子手里的牌子写着个人信息，我看了一眼，工作单位、经济条件都不错，像这样综合条件都不错的小伙子，想必能得到更多关注。

果不其然，一个二十五六岁的姑娘走过来，小伙子主动迎了上去，自我介绍说："你好，我是来相亲的，你也是吧？我身边一直没有合适的人，被家里催得受不了，迫不得已只好来这里相亲。"

此言一出，在边上旁听的我都恨不能扭头走掉。不出所料，姑娘默不作声地瞪了小伙子一眼，转身走了。如此多次，小伙子的介绍都以失败告终。

相亲角的人都觉得他或多或少有点问题，也不再关注他了。

相亲这个形式，与社会的迅速发展有关。相亲能否成功，取决于第一印象。第一印象好，后续还会有发展；第一印象不好，十有八九会被拉进黑名单。

这个第一印象，一小半取决于外在条件，一大半取决于相处时给对方的感觉，这个感觉很大程度上取决于是否会聊天。拿这个小伙子来说，一上来就和姑娘说自己是迫不得已来相亲，让人觉得他没有诚意，相亲只是敷衍父母而已，自然不会和他多聊。

那么，相亲时遇到自己喜欢的人，如何聊天才能赢得对方的欢心呢？

首先是着装，俗话说"人靠衣装，佛靠金装"，得体的穿着能提升气质，也会让对方对你有一个不错的外在印象。这个好印象其实就是好感，它非常重要，可以决定接下来的聊天是否顺利。所以，与相亲对象初次见面，需要在穿着方面下点功夫。衣服搭配除了干净整洁，还要有属于自己的风格，这样才能给对方留下美好而深刻的印象。

掌握了着装这个加分项后，接下来就是如何聊天了。

由于是初次见面，首先要介绍一下自己。除了介绍姓名、年龄，还需要介绍自己目前在哪儿工作，家里还有哪些成员等。详细的介绍除了让对方更了解你，也无形中表现出你对对方的重视，让对方感受到你的真诚。

当然，你没有必要像面试那样正儿八经，可以用自己喜欢的方式，如幽默风趣、别具一格，来展示个性特征。

另外，说话时还应该改掉这样一种坏习惯——懦弱、结结巴巴。不能利索地说话，是最影响感情发展的。

　　小齐是一家广告公司的平面设计师，年轻有为。不过，他从来没有谈过恋爱，也不知道如何跟女孩子说话，一直单身。即使遇到心仪的女孩，他也会因自己的一张嘴把事情搞砸了。

　　有一次，公司举办外联活动，朋友介绍小齐和一位叫阿焦的女孩认识。一见面，小齐就感觉阿焦是自己寻找了多年的人。他内心十分紧张，不住地挠头，结结巴巴地说："很高兴……很高兴认识你。你的条件……你的条件看上去很不错……很不错。可是……可是，我感觉自己配不上你。"

　　阿焦愣了一下，转身离开了。

　　看到对方不理自己，小齐只好低下头喝酒。当他对同事说起这个过程后，同事苦笑了几声，说："唉，你这是自己把机会断送了啊！女孩都喜欢坦然的男人，你说话越唯唯诺诺，人家就越是烦你，认为你很窝囊！你这个样子，是不可能得到爱情的！"

就这样，小齐又一次和心仪的女孩擦肩而过。

小齐之所以没有得到对方的青睐，就是因为不会说话。试想，哪个女孩会喜欢结结巴巴的男人？尤其是听到"我感觉自己配不上你"时，心中不仅感到厌烦，甚至还会暗中嘲笑：你都看不起自己，凭什么要求我爱上你？

相亲时，外在条件是见面的前提，相处后的感觉则是决定是否继续的关键。所以，你的谈吐要自然大方、自信从容，让对方觉得你是胸怀开阔、懂得礼貌的人，这样才能产生好感。

同时，你要懂得迎合对方喜欢聊的话题。与人聊天时，所有人都喜欢聊自己感兴趣、擅长的话题。所以，介绍完自己后，应主动去发掘对方的兴趣爱好，然后一步步展开话题。

当然，"你平时喜欢做些什么"这种直接发问过于低级，问下来两个人也是生硬地对话。你可以从自己开始，比如聊聊电影，自己先说喜欢的某个电影明星最近又出了新电影，然后怎么样。对方如果感兴趣的话，自然会接着你的话头聊下去，多试几次，总能找出共同的兴趣点。

如果对方聊到自己的宠物猫，你可以说自己也很喜欢猫，有一次还救助了一只流浪猫等。这么聊下去，一定能让对方倍加欣赏。

需要注意的是，不要刻意聊自己的长处，因为太过刻意会显得卖弄，令对方反感。还有一点需要注意，无论是土味情话还是甜蜜的情话，也应等双方建立情侣关系后再说，否则对方会认为你有所企图。

想要俘获女神的心，关键就在于聊

遇到心仪的异性，要想让双方的关系更进一步，最终结出爱情的果实，方法就是不断接近对方，大胆说出自己的爱。当然，光有"胆大"还不够。不少人只会干涩地说"我喜欢你""你真漂亮"等，这种千篇一律的情话只会让人感到乏味，甚至反感。

向心上人表白，这是一种最甜蜜、最伤神、最微妙的感情活动，既要传达你的爱意，又要在谈话中了解对方的情意，知己知彼，方能促进爱情的发展。所以，在表白的过程中，我们要仔细斟酌，认真准备。这实际上也是向对方表现智慧的过程。

前不久，好友小李给我寄了一张请帖，邀请我参加他的婚礼。请帖上有小李和准新娘的婚纱照。准新娘长得非常漂亮，就连一些女明星都没她好看，而小李长相一般，家境一般。

我很好奇，小李究竟是怎么追到女神的。

婚礼当天，小李非常幽默地讲述了他的追妻历程，秘诀就在于一个字——聊。

小李说，他和妻子小刘是大学同学。在大学里，小刘是校花级人物，追她的人可以排成一个连，而且个个条件都不错。小李深知自己没有什么竞争力，失落了好一阵子，可是他又不甘心放弃。于是，他退而求其次，提议先跟小刘做朋友，没事就找小刘聊天。

起初，小刘不爱理他，经常以各种理由拒绝聊天。面对女神的拒绝，小李却夸赞对方做得对："我知道很多人在追你，对待自己不喜欢的人，你就应该这样做，我永远支持你。""女孩子一定要好好爱自己，爱自己就要先保护好自己。"

有时，他还会给小刘发自拍照，"不是我自恋，而是我希望你能看到我炙热的眼神！"

工作后，小李越发卖力地追求小刘，尤其是在工作稳定，有了一定的经济基础后，他在生活中各种照顾小刘，后来决定找机会向小刘表白。那一天是情人节，小李带着九十九朵红玫瑰去接小刘下班。他对小刘说："我的未来女朋友，我来接你下班了，你能否给我个机会，证明你会是世界上最幸福的人？"

就这样，小李终于将女神追到了手。

在心仪对象面前展示个人魅力，获得好感的方式有很多，比如可以利用深邃的思想或独立的见解，让对方产生敬佩；也可以凭借财力、体力或某种才能，获得对方的仰慕；还可以通过话语将自己的心意巧妙地传达给对方，展示出自己的教养。

在这个过程中，往往几句话就能收到特别的效果。这种话语内在的精神力量往往比物质力量更加强大。就像俗话所说的：金钱买不来的东西，语言可以得到。

比如下面这几句简单的话，可以帮助你俘获另一半的心：

——"我可以向你借一块钱吗？"

"为什么？"

"我想打电话告诉我妈，我刚刚遇到了我的梦中情人。"

——"小姐，你是一个小偷！"

"我偷你什么了？"

"我的心，你把它偷走了！"

——"相信我，我会让你成为世界上第二幸福的人。"

"为什么不是第一呢？"

"有了你，我就是最幸福的人！"

……

爱之语是世界上最美妙的语言，没有人能抗拒它的魔力。面对心仪的对象，千篇一律地说"我爱你"甜蜜度不够，而是应当多加点"蜂蜜"，让对方甜到骨头里！

我有一位表弟，长相英俊，很有才华，但毕业多年仍没有找到女朋友。我见他年纪不小了，就提议给他介绍对象，但都被他拒绝了。表弟说，这么多年来，他一直暗恋一个女生，就在前不久，女生答应跟他约会，他觉得机会来了，一定能让对方成为自己的女朋友。

后来，我发现表弟与心仪的女生约会后，朋友圈一直发一些负面的动态消息，字里行间能感受到他的孤独。我判断表弟应该没能与暗恋的女生有进一步发展。问过表弟后，我发现事情果然如我所料，表弟被暗恋的女生拉入了黑名单。

原来，约会那天，考虑到女神喜欢安静，表弟提前预定了一家环境优雅的咖啡馆。

两人见面后简单打了招呼，表弟问女生："你喜欢喝咖啡吗？"

女生回答："还可以！"

接着便是一阵沉默。数分钟后，表弟尝试了第二个话题："你有妹妹吗？"

女生回答："没有。"

又是一阵沉默……

表弟想了想，追问女生："如果你有个妹妹的话，你觉得她喜欢喝咖啡吗？"

"我不知道，你最好去问一个有妹妹的人。"女生说完，站起来走了。

听了这两个年轻人的约会经过，我笑得眼泪都出来了。至此，我也明白了表弟约会失败的原因，那就是不会聊天。

赢得爱情不仅需要一颗真诚的心，更需要制造一种轻松愉悦的氛围。

之后，我教给表弟一些说话技巧，并送给他几本关于聊天技巧的书。在我的鼓励下，表弟再次邀请女神见面。

谁知约会当天，表弟因堵车迟到了半个小时，赶到约会地点后，他赶忙道歉："对不起，等久了吧？"

女生本来上次就生气，这次见表弟迟到了更加生气，撇撇嘴说："整整等了三十分钟。"

"别生气，我倒是等了三十年才有缘与你坐一坐。"表弟说道。

女生对表弟是有好感的，否则也不会答应这次约会。听到这话，她的怒气也消减了一些。

"你知道吗？"表弟决定打破上次的僵局，"上次问你喜不喜欢喝咖啡，其实我是想说，我挺喜欢喝咖啡的。但你没有问我，我也就没好意思说。"

女生微微一笑："是这样啊。"

"真的。"表弟推了推鼻梁上的眼镜，继续说道，"如果早晨不喝咖啡，我将心力枯竭，就像是一块干瘪的烤羊肉。"

听了这句话，女生笑了。

"今天和你聊天真愉快，但我觉得自己会失眠。"表弟耸耸肩，说道。

"为什么？"女生不解地问。

"每一次的深入交流，都好比一杯提神的黑咖啡，让我难以入睡。"

经表弟这么一说，女生抿着嘴笑了。

这次约会气氛融洽，两人显得很轻松，一切也都进行顺利。这对年轻人，最终走到了一起。

这次约会为什么会成功？原因就在于表弟学会了巧妙地表达爱意，营造诙谐有趣的聊天氛围，让人感到轻松快乐，怎能不受对方青睐呢？相信这样一段小插曲，一定会给他们在未来的感情生活中留下美好的记忆。

由此可知，勇敢地表达心中的爱，才能得到美好的爱情。当然，别忘了给求爱的话加上"佐料"，有套路的甜言蜜语，才能让芳心为你着迷。

哄女朋友的正确方式

女人是感性动物，不时闹闹小情绪，发个小脾气，是很正常的现象。正在恋爱中的你，对此一定有深切的体会。恋爱中的女人，有时会莫名其妙地发一通脾气，然后一个人生气，不说话。这个时候的她就像一管"火药"，无论你说什么，都有可能点燃，然后火花四射，处处灼人。

所以，学会哄女朋友是恋爱的必备技巧。在这方面，小姜是个高手。

小姜最近谈了个女神级的女朋友，叫晓晓。他俩站在一起，可谓郎才女貌。小姜是个能说会道的技术宅男；晓晓肤白貌美，有气质，有修养，除了喜欢闹点小情绪，没有别的毛病。

　　两人确定关系后，晓晓经常拉着小姜出去玩。女生喜欢逛街，而且希望男友做出点评，晓晓也是这个心思。小姜虽然最怕漫无目的地逛街，但女友发话了，他也不敢回绝，不然这恋爱还怎么谈下去呢？

　　带着几分不情愿，小姜跟着晓晓来到热闹的大商场。晓晓一看到时装店就很兴奋，拉着小姜进去，给他找了一个座位，让他坐着等。小姜一开始还挺感动，觉得女友很体贴，知道自己逛累了，让他休息一下。

　　不过没几分钟，小姜就明白女友的意思了。她抱着七八套衣服进了试衣间，每换一套都要在镜子面前端详半天，然后跑过来问小姜："好看吗？"

　　小姜自然是猛点头："好看好看，买了吧！"结果女友听了并不高兴，自言自语道："好像有点显腿短，我不喜欢。"她边说边走进试衣间，换上下一套衣服，然后重复第一遍的流程。

　　几套衣服下来，小姜的脑子已经放空了，眼神也有些呆滞。他不仅看不出来美丑，更做不出"好看"之外的评价。而晓晓依然兴致勃勃，所有衣服都试完后，她带着期盼的眼神问小姜："哪件最好看，快帮我挑一下。"

　　小姜哪挑得出来，于是随便指了一件，说："我觉得这件挺好的，就这件吧。"

晓晓一看立马生气了："这是我最不满意的一件，你是不是在糊弄我？不愿意陪我逛街你就说，别在这跟受罪似的！"说完，她怒气冲冲地走了出去。

小姜这才清醒一点，急忙冲出去，低眉顺眼地任凭晓晓发泄怒火。等晓晓稍微消了点气，他说："亲爱的，我刚才确实走神了，但你知道我没谈过恋爱，更没有跟美女逛过街，你一穿上那些衣服，都把我惊呆了。虽然你说不好看，但我觉得你穿什么都好看。你也知道，这大商场容易缺氧，我刚才怕给你丢人，都没敢在那打盹。走，咱们找个地方吃点东西，吃完东西你再给我培养审美。"

如果你是晓晓，听了这样的话，还会有怒火吗？恐怕会被小姜这一套说辞给逗乐了吧。

不管是谁的错，只要你跟女朋友吵架了，都要积极想办法化解，不要让矛盾越来越深。具体该怎么做呢？

首先，心甘情愿地做一个合格的"受气筒"。

正所谓有气不出憋得慌，任何人与他人吵架时，情绪都是高涨的，亟须找一个地方发泄。只有将多余的情绪发泄出去，才能恢复理智。女朋友有情绪的时候，作为男性的你必然处于被动，但一定要控制好自己的情绪，不辩解，不争执，拿出绅士该有的态度。要知道，你的怒火，你的争执，都会将女朋友越推越远。

其次，抛弃那些所谓有原则的对错观。

谈恋爱谈的是感情，不是对错。女朋友有情绪的时候，不要急着分辩谁对谁错，有时只要你说几句温暖的话，哪怕只是一句，让女朋友感受到你的支持和包容，她的心情就容易慢慢转好。女人的情绪多变，只要你一句话说中她的心思，她就会迅速走出之前的情绪。

比如，当女朋友抱怨说："我今天哪里也不去，每天都这么多工作，烦死我了，烦死我了！"这时，你与其说"你们女孩就是矫情，你能有我累吗""你好好休息，放松一下"等，不如抱住她的肩膀，说："是啊，你真的有好多事要做，那我能帮你做什么吗？男女搭配，干活不累！"这样，她不仅会感到宽慰，还会被你的幽默逗笑。

总之，无论女朋友因为哪种原因而心情不佳，都不要跟她针锋相对，而应该以温和的语言进行劝解。否则，她表面上被你反驳得无话可说，心里却会对你产生种种不满，到那时，失恋的"阴雨"就离你不远了。

爱人不是越好越夸，而是越夸越好

很多人会有这样的疑惑：为什么自己和爱人的感情，不如恋爱时期来得亲密呢？其实原因很简单——你不懂得如何与爱人聊天。想想看，你是不是如此训斥过对方："哎呀，你行不行啊？""你笨死了。""靠你不如靠自己。"

这种聊天方式是感情的杀手，不但会让对方心中愈发苦闷，而且对你的好感也会日趋下降，严重影响夫妻关系。毕竟，面对一个总是打击自己的人，谁能高兴得起来呢？

所以，聊天术不仅适用于职场或人际交往，同样适用于家庭生活。通过下面的案例，我们可以看到不同的语言如何造就不同的爱人。

小顾原本是一名工程师，因为企业内部调整，他被转为销售人员。回到家后，他向妻子小陈说起这事。没想到小陈听完勃然大怒："工程师虽然赚得没有销售多，但压力小，而且现在市场几乎饱和，销售多难做！""咱们还计划着生二胎，在这种关键时刻，你却调动工作，傻不傻？"

整整一个晚上，小陈都在数落小顾的不是，愤怒之余还把手机砸碎了。

看到妻子这个样子，小顾一句话也没有说，只是默默地坐着。之后一连几天，他都不怎么和小陈说话，家里的气氛十分压抑。小陈明显感觉到小顾不像过去那么快乐了，对自己的态度也冷淡了许多。如果一直这样下去，夫妻俩的距离一定会越来越远。她想有所改变，可是一时找不到解决的办法。

一个星期后突然发生的一件事，让小陈明白了自己究竟该怎么说话才能让丈夫振作起来，重新唤起对自己的爱。

那是一个周末，小陈因心中苦闷病倒了。午饭时，小顾亲自下厨做了几个菜。以前小陈从不让小顾下厨，还会指责他帮倒忙：一是他手艺不行，炒的菜不是太咸就是太油；二是他做完饭后，厨房总是一片狼藉，要收拾好半天。但这次看到丈夫在厨房里忙前忙后，小陈动情地说："你的手艺有长进了。"

令小陈没想到的是，当她说完这句话后，小顾居然冲她笑了，吃饭时还主动夹菜给她吃，甚至哼起了歌，几天来的愁眉苦脸彻底烟消云散。

看着小顾高兴的样子，小陈突然想到："咦？为什么我夸他一句，他就变得这么高兴？难道我过去的方法用错了？是不是我应该学着多认同他、多崇拜他？如果每天都能像今天这样多好！这样的丈夫，才是我想要的！"

为什么小顾得到妻子的夸赞后，会立刻表现出对妻子的爱呢？这是因为，每个人既需要自我肯定，也需要他人的肯定。配偶是一个相守时间最长、最了解、最爱且最依赖自己的人，来自配偶的肯定和赞美会使人的自我价值得到最充分的肯定，增加对生活和工作的信心。

这一点在男人身上体现得最为明显。男人总是将女人的崇拜和爱情连在一起。女人的崇拜，能够满足男人的英雄感。无论得意还是失意，男人都需要一个女人矢志不渝地称赞他。

仔细观察，我们会发现那些生活幸福美满的女人，总会不时地肯定和夸奖自己的爱人，称赞他们英俊、雄伟、睿智与能干，即使他们身上也有着这样那样的缺点。

在周围人眼中，莉莉堪称人生赢家，有一份不错的事业，有一个幸福的家庭，丈夫不但长相帅气、为人体贴，而且工作能力也很强。每次谈起莉莉的生活，朋友们都羡慕不已。

不少朋友向莉莉请教"驯夫秘诀"，莉莉总是回答："其实很简单，你希望他是什么样，你就把他夸成什么样，日子久了，他也就真的变成那样了。"

在平时的生活里，莉莉的丈夫因为工作很忙，大部分的家务是由莉莉承担的。但只要有空，丈夫也会主动做一些力所能及的家务。每当这种时候，莉莉对老公总是特别热情，不仅主动捏肩捶背，还不忘在耳边不停地夸赞他："亲爱的，你好棒，真是太能干了！"

在这种"糖衣炮弹"的攻击下，莉莉的丈夫做家务的热情越来越高涨。

有一次，家里的马桶出了问题，莉莉的丈夫正好有空在家，便没有叫工人，而是自己上网查资料，摸索着把马桶修好了。莉莉高兴地抱着丈夫就是一顿夸："老公，你真是太聪明了，好厉害，什么都会做！""想不到我嫁了个全能型选手，你这样聪明的好男人，居然被我幸运地逮着了！"

看着妻子双眼发亮的崇拜眼神，丈夫不由得心花怒放。

在莉莉不遗余力的夸奖下，丈夫变得越来越能干，越来越体贴，事业也是节节攀升！

好男人是夸出来的，聪明的莉莉正是因为明白这一点，一步步把老公夸成了自己理想中的模样。

　　就像莉莉所说的，当你希望一个人变成什么样子，聊天时就努力把他夸奖成那个样子。如果你的丈夫英俊洒脱，你可以夸赞他玉树临风，总是给人安全感；如果你的丈夫个子并不高，可以对他说浓缩都是精华……相信没有谁能拒绝这样柔情蜜意的夸赞，男人的潜能也会因此而爆发出来。所以有人说，每一个成功的男人背后，都有一个懂得夸奖他的女人。

斗嘴，增加情趣，斗出甜蜜

多年前，曾经有过一本很火的书，叫《男人来自火星，女人来自金星》，书名一语点破了男人和女人是两种不同的物种。

比如，男人通常会全面看待问题，理智地思考；女人则重视个人感受，偏向感性思考。两种截然不同的看待问题、思考问题的方式，注定了男人与女人之间更能碰撞出剧烈的火花。同时，因为人在情绪激动时往往控制不住自己，而争执又是发泄情绪的方式之一，所以吵架就成了必然。

提到吵架，你会想到什么？在我们的印象中，吵架通常是两个人唇枪舌剑，彼此数落对方的种种不好，很伤感情。但是，当你学会了聊天，会发现吵架时完全可以你"骂"一句，我回一句，变成一场没有硝烟的争斗，宛如一场甜蜜的"语言竞赛"，明明是在斗嘴，却能变得更加甜蜜。

这就是会聊天的魔力。它可以把吵架变成一种另类的"爱情表达"，增加爱的情趣，斗出情的甜蜜。

比如很多小说和电视剧中，如果一对男女刚见面就因某些误会而针锋相对，互不相让，最后往往会凑成一对欢喜冤家，在各种小吵小闹中发现对方的美好，滋生出美好的爱情。这也说明，斗嘴斗得好，正应了那句"打是情骂是爱"，这不"打"不"骂"，还真没法谈恋爱！

小泉和小湘就是这样一对"欢喜冤家"，两人刚认识时就唇枪舌剑，谁也不肯服输。认识他们的朋友都没想到，这两人最后能走到一起。

携手步入婚姻生活后，小泉和小湘的互怼生涯仍然没有结束。互相拆台几乎成了这对夫妻默认的相处模式，而且乐此不疲。

有一段时间，因为金融风暴的影响，小湘不幸加入裁员大军，在家里待了一段时间。看着妻子成天无所事事，自己却忙得脚不沾地，小泉难免有点心理不平衡，于是出言讽刺道："哟，你这都快变成废物了吧，怎么也不想想废物利用一下？"

小湘也不甘示弱，冲着小泉眨眨眼睛，说道："要不是废物，怎么能嫁给你呀？放心吧，我可没打算靠你一辈子，明天就让你瞧瞧，我可比你抢手多啦！"

听了小湘泼辣又幽默的一席话，小泉哑然失笑，心里那一点点的不快也烟消云散了。

他们很少说肉麻兮兮的甜言蜜语，但唇枪舌剑的感情一直能经历住大风大浪的考验。有闺蜜私下问过小湘，有小泉这么一个嘴损的老公，不会觉得憋屈吗？小湘却笑嘻嘻地说："他要不嘴损，我还不一定嫁给他呢。要是能这么热热闹闹地怼上一辈子，我倒觉得特别有滋味。"

确实，再好听的情话都有听腻的一天，再多的话题也有说完的时候，反而像小泉和小湘这样吵吵闹闹、唇枪舌剑的小日子，才更能过得细水长流、有滋有味。

一位作家在短篇小说《落梦》中就描写了恋人戴成豪和谷湄之间的一段斗嘴：

"我真不懂，你怎么不能变得温柔点？"

"我也真不懂，你怎么不能变得温和点？"

"好了……你缺乏柔，我缺乏和，综合地说，我们的空气一直缺少柔和这玩意儿。"

"需要制造吗？"

"你看呢？"

"随便。"

"以后你能温柔点就多温柔点。"

"你能温和些也请温和些。"

"认识四年，我们吵了四年。"

"罪魁是戴成豪。"

"谷湄也有份儿。"

……

从这段描写可以看出，恋人之间这种打情骂俏式的斗嘴互动，与普通的争吵全然不同，彼此仿佛在指责，却又似乎在依赖，像是针锋相对，偏偏又透着些缠绵悱恻，如同一场有趣的语言游戏。

一般来说，恋人之间的斗嘴具有这样的特点：

从形式上看，斗嘴与吵架很相似。你有来言我有去语；你奚落我，我挖苦你；毫不相让，锱铢必较。但双方都是以轻松、欢快的态度说出那些尖刻的言语。有了这层感情的保护膜，斗嘴就成了一种只有刺激性、愉悦性却无危险性的"软摩擦"，成了表现亲密与娇嗔的最佳方式。

斗嘴本来是一种情趣，但有时因为把握不好开玩笑的尺度，一不小心就可能说出伤害对方的话，把斗嘴升级成争吵，弄得不欢而散。为了避免这种情况，涉及个人尊严、家人、信仰等的话题，最好不要提及；也不要挖苦对方认为重要的人和事，否则就会自讨没趣。

例如，和男友斗嘴时，千万不可说出这样的话："你和你妈妈一样难看！"心胸再宽广的男人听到这种话，也会大发雷霆。你可以换种方式说："你妈妈那么漂亮，怎么生下你这种丑丑的小怪物？"这时，男友会笑着回答："哼，我是长得不好看，但你还不是被我的魅力所吸引？"

形式上尖锐，实质上柔和，这正是斗嘴的特点，这种语言游戏更能展现丰富的情感。所以，沐浴爱河的人，都应该多多了解这种语言游戏，在轻松浪漫的游戏中加深对彼此的了解，增进相互的感情。

第八章

临场应变有话术，化解冲突气氛好

☑ 学会"踢皮球"，从劣势中翻身

☑ 委婉地说"不"，不因拒绝结仇

☑ 精准还击，一句话顶十句话

☑ 一句话转移话题，让尴尬远离

☑ 答非所问的人，智商都很高

☑ 善于打圆场，社交不冷场

学会"踢皮球"，从劣势中翻身

众所周知，"踢皮球"是非常令人讨厌的行为，因为它意味着推诿。但在聊天中，尤其是面对有意刁难时，学会"踢皮球"，把问题转移，不仅能轻松化解尴尬，还能给别人留下一种睿智的印象。

在一部热播剧中，里面两个主角的演技有着天壤之别。我喜欢那个长得不是很漂亮的演员甲，因为她演技极好，在娱乐圈也被大家评价为"双商"超高，即便颜值不如年轻貌美的其他演员，但人气依然很高。

有一次，剧组召开记者招待会，为新剧增加曝光率，甲准时到场，主角乙却因档期问题没有到场。得知这个消息后，很多人开始猜测："虽然乙长得好看，但演技却没法看，或许是怕现场有记者提问刁难，所以才缺席的吧。"

猜测归猜测，记者招待会还得照常进行，

记者们将备好的问题向甲一一发问，问题有难有易，制作团队都为甲捏了一把冷汗，但看她镇定自若地应对，便渐渐放下心来。

眼看采访将要结束，有个记者突然发问："跟你合作的乙今天没来，我代表大家问问你，你觉得她的演技怎么样？"

这个问题就像一颗炸弹，如果甲回答演技不好，不仅会被乙记恨，还会受到乙的粉丝的炮轰；如果回答很好，则会被人质疑她的眼光，或者被网友指责睁眼说瞎话。现场一片寂静，都在等待甲的回答。

只见甲微微一笑，问那位记者："你觉得她的演技怎么样呢？"

大家的目光顿时从甲身上转到记者身上。那位记者满脸通红，半天没有说话。这个让大家都无法回答的难题，就这样被忽略过去了。其实，那个记者并不傻，他跟甲一样，知道怎么回答都是个坑。

甲把"皮球"踢给他，是多么明智的举动。

我们不是明星，也不是公众人物，没有那么多的记者答问，但有时也难免面临一些不好回答但又必须回答的问题。众目睽睽之下，面对刁难的问题，如果回答，就会得罪人；不回答，更会得罪人。这个时候，就要学会"踢皮球"，踢给合适的人。

不过，"踢皮球"也不能乱踢，要选好合适的对象。比如明星甲，她就把"皮球"踢给提问的记者，但如果那个问题是不便明说的，在他人心中也是不便明说的，这时候将"皮球"踢给他人，肯定会得罪人。所以，"踢皮球"前一定要深思熟虑，确定好回答问题的人，再把"皮球"踢过去，这样才能踢得漂亮！

小宇是个社交达人，经常出现在各种聚会中，结交新朋友。这天，他受邀参加一个酒会，大家都打扮得相当隆重，男士西装革履，女士礼服优雅。他到那之后，很快就被朋友拉着一起认识陌生人，大家聊得特别开心。

后来，朋友拉过来一位女士晓琳，介绍给大家认识。晓琳看起来很文静，穿黑色礼服裙，扎一个丸子头，化着浓厚的妆，看不出来究竟有多大年龄。

朋友直接点名小宇说："小宇，你见多识广，猜猜晓琳有多大？"

听到这个问题，晓琳和小宇都愣了一下。虽然朋友不是故意为难，但女士的年龄本来就是秘密，拿出来让人猜，未免有些唐突。小宇心想："这妆化成这样，压根看不出来，我要故意猜得年轻，也许她会觉得我在开她玩笑；如果我把她猜老了，那就更尴尬了。这问题可千万不能回答。"

　　但小宇也不能把这个问题再踢回给朋友，这样摆明了是要冷场，也是对晓琳的不尊重。他想了想，双手指着自己的眼睛说："你还不知道我这双眼，出了名的眼力差！晓琳快帮帮我，方便的话，你就公布一下正确答案吧。"

　　晓琳非常配合地说："我今年二十八岁，各位有猜中的吗？"

　　话音未落，小宇拍手称赞："最好的年华，跟我一样！"

　　这个"皮球"，小宇踢得好不好？他没有把问题踢给朋友，也没有踢给在场的其他人，而是踢给当事人。因为他明白，不管是谁，一顿乱猜都会让大家陷入尴尬或得罪人，还不如让当事人大方公开谜底，她是最适合回答问题的人。

　　可见，对付这些怪问题的最佳方案，就是不要慌，不要忙，仔细思考如何将问题踢出去。这既能使自己不尴尬，也能给人一个台阶下，维持和谐的人际关系。

委婉地说"不"，不因拒绝结仇

生活中，面对朋友或者亲人那些无礼、令人为难的请求，你会做出什么样的选择，拒绝还是答应？

很显然，谁也无法对别人的请求做到有求必应，于是拒绝就成了一个不得不面对的问题。然而，只有少数人在面对他人的请求时会果断地拒绝，绝大多数人会选择答应。这些不懂得拒绝别人的人，有些是想拒绝却不知怎么开口，有些是不好意思驳了别人的面子，还有些是害怕彼此的关系因此变得疏远。

的确，不管对谁来说，遭到别人的拒绝，心里肯定不好受，或许还会心生抱怨。在这种情况下，难道我们就没有更好的办法吗？只能硬着头皮答应，任凭自己陷入两难的境地？其实，拒绝的话并不是不能说出口，只是要有技巧地说，做到既不伤害双方的感情，又能让对方欣然接受。

同事小王来找阿昆说："阿昆，我这里有个急活儿，过两天就得交了，但是现在我忙不过来，你能不能帮我一下？"阿昆停下手边的工作，专心聆听小王的请求，对小王遇到的困难也表示理解，于是积极地为小王想办法。阿昆说："看，快下班了，我今天还有三件事情没做完，其中一个是老板让我下班前必须交付的。我现在很着急。要不这样，你可以先问问其他人能不能帮忙？实在不行，你看等我忙完后再说，可以吗？"当小王听到此消息时，也理解阿昆时间紧、任务重，但是对阿昆能够提供建议，仍表示非常感激。

阿昆这段话的言外之意一是讲事实："今天有三件事尚未完成"和"老板让我下班前要交付的"。当说出这些事实时，对方会知道为什么自己被拒绝，并且不会有误解。二是谈论感受："我现在很着急。"当说出自己的内心感受时，对方很容易产生共鸣，也就不好意思再找他帮忙了。三是提供建议："你可以先问问其他人吗？"随着前两层的铺垫，此时再提出建议，对方会比较容易接受。

设身处地地想一下，如果你想向别人寻求帮助，是不是要给出一定的理由和情况说明呢？这就是我们拒绝别人的突破点。拒绝别人时，得让对方明白你是认同他的请求的。认同别人的请求，就是我们所说的"台阶"。摆出这个台阶，可以让对方更容易接受我们的拒绝。

　　如今，朋友圈已经成了微商的天下。我有一位很好的朋友，也在推一款保健产品，每天微信刷屏。面对这样的情况，我果断屏蔽了他，眼不见心不烦，因为我不太相信保健品的功效，更何况他代理的牌子我连听都没听过。

　　但朋友却把这份事业看得很重。他见我从不点赞、转发，索性私聊我："怎么样，我代理的产品，你得支持我呀，买点给家里人吃吧。"

　　我思考了一下，这样回复他："作为朋友，我肯定想支持你。但你的产品，我之前买过同类的给家里人，我父母说了我一顿，说我乱花钱，他们不吃那些东西。"

　　我的朋友当时打过来几个笑脸，并没有变得尴尬或者冷漠。之后我们又随便聊了几句，感情一如从前。

　　所以说拒绝并不难，关键是要对朋友的诉求给予回应和肯定。合理地拒绝是不会伤害大家的感情的。

　　比如，加班的时候，同事邀请你出去聚餐或者进行其他放松活动，但你实在没有心情和精力，在拒绝前要学会用友好、热情的态度表达自己对活动的向往，再说出不去的理由。这样就不会引起对方的反感，以后也会继续邀请你一起参加活动。

　　拒绝时，不要一开始就说"不行"，而要采取委婉的方式，先说理解对方的话，再表明自己的困难，对方自然会理解你的拒绝是出于无奈。

　　这样既不会让对方感觉面子受损，也可以让其乐于接受，如此自然不会伤害彼此的感情。

精准还击，一句话顶十句话

聊天时，我们并不能保证每个人说话都抱着善意，也不能保证所有人都不说错话。

"哎呀，你真是笨得没治了！"

"这身西服挺帅气的，可惜穿在了你身上。"

"你再怎么努力，也不可能成功的！"

……

日常生活中，你遭受过类似以上这种损话的伤害吗？遇到这种情况，起初我选择了默不作声，但慢慢发现对方得寸进尺，认为自己是一个可以随便捏的软柿子。于是，我开始激烈还击，结果又发现这样做会让谈话气氛变得尴尬，让在场的人对自己产生不好的印象，得不偿失。

所以，我一直在寻找一种既能还击，又不失礼貌，还能维持谈话气氛的回话方法。终于有一天，一个朋友给我上了精彩的一课！

　　朋友小明从上学时就喜欢写小说，也在各大网站上写过书，虽然因各种原因始终没有产生太大影响，但他从来没有放弃过。日复一日，年复一年，他的一本小说终于大卖，取得了显著的成绩，还得了奖。他知道我对出版行业颇有兴趣，便邀请我一同参加颁奖典礼。

　　在颁奖典礼上，小明遇到了一个竞争对手，对方皮笑肉不笑地走过来，当着所有人的面说："你这本小说我读过了，但发现风格跟你以前的作品不太一样，难道是借鉴了谁的作品，还是干脆由别人帮忙呢？"

　　对方的语气、态度都非常礼貌，但却是非常直接的挑衅，矛头直指小明，指控他获奖的作品是抄袭或者代笔。

　　如果小明在颁奖典礼上发作，即便作品不是抄袭的，第二天的新闻也会写得非常难听；如果不反击的话，岂不是坐实了抄袭、代笔的指控？我心里不禁为小明捏了一把汗，这时，只听小明不紧不慢地回答："真是谢谢您的夸奖，百忙之中读了我这本小说，还替我确定了与以往不同的风格。不知我以前的小说是谁替您读的？怎么读的风格就不同了呢？"

　　就这样，小明用机智的回话化解了对方的指控，不仅没让颁奖典礼的气氛受到影响，反而为这次典礼增加了新的噱头。

这个案例也告诉我们，当我们遇到不怀好意的人，陷入被他人嘲笑、轻蔑的尴尬境地时，要学会巧妙反击，做到有理有节，既给对方上一堂"损人必损己"的课，又达到维护自己尊严的目的。

要做到这一点，首先应保持头脑冷静。只有在头脑冷静的情况下，才能做出最好的决定，不让自己的语言偏离思想，找出对方言语中的漏洞，想到那些妙语连珠的反击，保证自己的还击是有效的同时彰显我们的口才。

"冲动是魔鬼"，这句话很有道理。遇到挑衅时，不少人会二话不说就冲上去和对方理论，这其实是一种非常不好的做法。冲动不需要思考，在不知道后果、不分析原因、不做任何补救的情况下就贸然行事，只会带来更糟糕的结果。

试想，在被竞争对手故意挑衅时，如果小明不能保持冷静的头脑，与对方发生激烈争执，颁奖典礼的气氛就会很尴尬。虽然双方脸上都不好看，但毕竟他才是颁奖典礼的主角，一旦冲动起来，他所遭受的损失远比挑衅者更大，这样就掉进了对方的陷阱，正中对方下怀。

当然，这里强调的冷静并不是说心平气和地和对方理论，还击的重点在于"还"这个字。我们之所以还击，是因为受到了挑衅。

事实上，我们并不是想要破坏气氛的那个人，必须维护谈话氛围，保证实现自己的目标。所以，最好的办法是用对方挑衅的方式还击对方，以彼之道，还施彼身。

冷静地考虑对策，巧妙地依法炮制，从中选出既关键又有力度的最佳方案。哪怕只是简单的一句话、一个比喻、一个结论，都可以拿来为己所用，将尴尬不知不觉地转移给对方，让其自吞苦果。

前年，我参加了一次中学同学聚会。在聚会上，有个同学不停地显摆自己有多么成功，什么都懂，什么都行。从天文到地理，几乎都让他吹了个遍。我坐在旁边不说话，这些事情随他吹去吧，反正跟自己没什么关系。渐渐地，那个同学吹来吹去，吹到了股票上，并说自己颇有心得。不少同学也对股票很感兴趣，听得津津有味，甚至有几位开始向他请教买哪几支股票比较可靠。

据我了解，那个同学对股票并不了解，但他好面子、好显摆，大大咧咧地谈起几支他比较看好的股票，推荐的又以不停下跌的为主。按照他的说法，这些都已经要触底反弹了。

其他的事情我能当没听见，但股票可不行，如果其他同学听了他的推荐去买那些股票，损失的可是真金白银，于是我马上加入话题，谈了自己的看法，指出其中几家公司已经濒临破产，马上就要退市了。最后，我对那个同学说："如果你真觉得那几家公司的股票好，你应该第一个去买。"

那个同学见一直默不作声的我不仅抢了自己的风头，还反驳自己的说法，便语带讥讽地说："没想到，咱们老同学里还有一位什么都明白的股票大师啊。"

我看了对方一眼，冷冷地说："我不是，你是吗？"

对方听了，顿时哑口无言。

一旦在聊天中遭遇挑衅，必须迅速做出反击。挖苦别人的时候，很多尖酸刻薄的人根本没有想过自己的立场，只不过想图一时之快，话没有经过思考就已经说了出来。运用对方的话语或逻辑，机智地反击，能起到扇对方耳光的效果，让对方心服口服。而且，这种回话能变守势为攻势，效果好极了。无论是从自己还是旁人的角度，这样做都是十分合理的。毕竟是对方先挑衅的，你使用一模一样的方式还击，和"不礼貌""心胸狭隘"都扯不上关系。

一句话转移话题，让尴尬远离

跟人聊天时，我们经常会遇到自己不愿意回答的问题，尤其是在心情不好的时候，容易认为别人对自己的询问不怀好意，从而产生抵触心理，不予理睬，拒而不答，或者回话的语气不好，有时甚至会直接怼回去，让双方陷入尴尬。

在一次周末自驾游的路上，小刘不幸发生了一场车祸，还好人没事，就是车要大修。周一上班的时候，同事问道："听说你前天出了场车祸，怎么样，没什么事吧？"

一想起自己爱车的惨状，小刘心里就很烦躁，于是脸上不悦，闷不做声。这让同事非常尴尬，不知道该再说些什么，只得默默回到自己的座位上。

很明显，小刘的做法很影响人际关系。其实，遇到不愿意回答的问题时，我们可以巧妙地转移话题。比如下面的说法：

同事问："听说你前天出了场车祸，怎么样？没什么事吧？"

小刘："我的车是该做一下大保养了。对了，听说你买了辆新车，什么车？"

同事："嗯，买的是××××，上周才买的，还没有上牌呢！"

小刘："你去车管所办了登记吗？选车牌号没？"

同事："车牌已经安上了。"

小刘："你最好再贴个膜，可以给爱车防晒。"

同事："哦，这样啊，我过几天就去把车膜贴了。"

这段对话没有对同事的问话做正面回答，也没有一味纠缠在原来的话题上，而是巧妙地把自己出车祸的话题转移到同事买新车的话题上，既避开了自己不想回答的问题，又不会造成彼此的尴尬，反而和同事聊得很愉快。

话题转换得好，就像一环连一环，这样的聊天自然连贯，双方也身心愉悦。转移话题不等于不理睬，只是转移了彼此的注意力，一两句话就可以做到。

下面跟大家分享几个转移话题的小技巧。

在与人聊天的过程中，当我们发现对方聊到自己不喜欢的话题，或者提出我们不想回答的问题时，可以转移到对方感兴趣的话题上。比如，提一个对方喜欢的问题，对方听了就会迫不及待地回答你，话题自然而然就转移了。

前几年我在一家企业工作，待遇比较好，公司年年组织员工出国深造。第一年我因为是新人，没有获得资格，同事周哥是公司的老员工，也没有捞到机会。一起吃饭的时候，周哥喝多了，郁闷地对我说："王总为什么不把这次出国深造的机会给我？我能力不比小华差，学历还比他高，真是不公平。"

我不想参与这个话题，于是说道："听说研发部王主任那篇关于新能源的论文在期刊上发表了，你的文采一直不错，最近有没有写论文的计划……"

运用"话题转移术"时需要注意，转移的话题与原话题应有一定的联系，最好的方式就是顺着原本的话题延伸到与之相似的话题上，这样既不会尴尬，又能起到转移话题的效果，避免回到自己不想回答的话题上。

有一次，我和一个女同事聊天，她一直跟我聊明星的八卦故事，而我对八卦完全不感兴趣，甚至觉得特别无聊，便想换一个话题。于是，等她停下来的时候，我马上提及一位明星新演的电影，并追问电影内容。她听了之后，果然兴致勃勃地开始给我讲解电影，话题也就自然而然地转移了。

想要转移话题，还可以适时地补充内容。这种方式表面看起来是在继续与对方谈论原来的话题，其实已经悄无声息地转移了话题，回避了自己不想回答的问题。

> 甲乙两人在讨论最近举办的博览会，甲问："这次博览会的种类很丰富，还有皮草，而且皮草的款式很多。你喜欢什么样的皮草啊，长款还是短款？"
>
> 乙对皮草根本没有兴趣，他不想回答甲的问题，便说:"我昨天也去了博览会，品尝了各地的特产美食，还买了一些葡萄干和红枣。"

表面上看，乙的回话内容也是围绕博览会这个主题，但却没有回答甲的问题，而是以补充内容的方式，把话题由皮草转移到了特产上。

一般来说，别人看到你回避问题或转移话题，就会知趣地停止这个话题。这样既回应了对方的问题，又不会破坏谈话的气氛。

另外，转移话题一定要快，如果你给对方留下了继续讨论这个话题的空间，那就很难转移了。

答非所问的人，智商都很高

同事小杜诚实本份，我将好友阿鹃介绍给他。幸运的是，他们一见钟情，很快进入了热恋期。我本以为过个一年半载就能喝上他们的喜酒，谁知还没过一个星期，小杜就跟我说阿鹃跟他分手了，并把他拉进了黑名单。

我心里十分疑惑，怎么好端端的就分手了呢？我问小杜，小杜却一头雾水；我又打电话给阿鹃，问她怎么回事。阿鹃向我抱怨说，小杜说话太直，伤了她的自尊心。

小杜说话直在哪儿呢？比如，阿鹃问小杜她胖不胖，不可否认，阿鹃有些胖，但她很在乎自己的身材，听不得别人说她胖，若有人说她胖，她会很生气。小杜是一个诚实的人，面对阿鹃的询问，他选择了如实回答，说阿鹃确实有一点胖。这个回答无疑惹恼了阿鹃，让她对小杜渐生不满。

又有一回，阿鹃和一个同事闹了矛盾，将事情的经过详细说给小杜听，让他评评理，看到底谁错了。小杜听后，很客观地指出是阿鹃错了，这让阿鹃恼羞成怒。其实阿鹃也知道是自己的错，她让小杜评理，是希望小杜安慰她，毕竟她是将小杜当成自己人，没想到小杜的回答这么直白。

类似的事情还有很多，阿鹃最终选择了分手。

生活中，如小杜这般说话诚实的人有很多。我们都喜欢诚实的人，但有些问题却不便直说，尤其是进退两难的话题，选择诚实说话，可能会让别人陷入尴尬，不知不觉将人得罪，造成彼此的不和。

那么，有什么妙招可以解决这个问题呢？方法就是答非所问，也就是别人问"东"，我们答"西"，顾左右而言他。面对不便明言的问题，不能说得太明白、太精确。如果什么都不说，又会显得失礼。这个时候，用答非所问来回答，看似回答了，其实并没有正面回答。这既能解决窘境，又能给人一种"我不想回答"的暗示，让人不好意思刨根问底。

小江是一个年轻帅气的小伙子，有个女客户对他青睐有加，但是，小江不喜欢浓妆艳抹、能说会道的女人，所以对女客户毫无想法。

一次晚会上，女客户手里端着酒杯，穿过人群，迎着小江走来。小江实在无法避开，女客户趁机向他表明心意，并追问："你喜欢我吗？觉得我怎么样？"

小江知道，如果自己直接说出真实想法，不但有损对方的颜面，甚至会使双方的合作关系破裂。于是，他故作轻松地说："你年纪轻轻就奋斗出一番事业，这样自立自强的女子，值得所有人敬佩，也包括我。"

听了小江的话，女客户继续追问："除了敬佩，你对我还有其他想法吗，比如喜欢？"

"我喜欢你这件新衣服，很漂亮。"小江指着女客户的旗袍说道。

"是衣服漂亮，还是人漂亮？"女客户紧追不舍。

小江立即打断女客户的话，笑着说："我知道了！你是不是想要讨好我，知道我负责公司的采购，就想要走后门，让我多来一些订单？"

女客户立即辩解说："不是！你……"

小江继续说："你不要否认了！我和你说，你不是第一个讨好我的人了。放心吧，只要你们的零件质量好，我一定会在老板面前为你们美言的！"

女客户也不傻，一听这话就明白了小江的意图：顾左右而言他，这显然是不喜欢自己的意思啊！于是，她也聪明地

　　顺着小江的台阶下了，心里还感谢他给自己留了面子。她笑着说："哈哈，这都让你发现了。你是公司的大红人，是我们的摇钱树，我自然要好好对你了，你一定要多多关照我们！"

　　听女客户说出这样的话，小江心里终于松了一口气说："当然！你放心吧！"

　　小江的做法就是典型的答非所问，这是一种另类的委婉表达。虽然这样的回答有些不合乎逻辑，有些牵强，但如果对方是聪明人，很容易就能听出其中的意思。即便第一次对方没有明白，但第二次、第三次之后，再迟钝的人也能领会我们的意图，从而放弃原本的打算。

　　所以，遇到不便明言的问题时，不一定要简单直接地回答，用答非所问的方式委婉地暗示对方，往往可以取得更好的效果。人们对这样的人也会给予较高的评价。

善于打圆场，社交不冷场

  有一道非常经典的面试题——如果你是一名男性酒店服务员，在打扫房间时没有注意到客房里有人，当你打算收拾洗手间时，不小心看到一位女客人正在洗澡，你马上转过头去。请问接下来应该怎么办？

  有人说："我会马上道歉，对不起女士！我不知道你在屋里，我什么也没有看到。"

  也有人说："我会帮她关好门，并告诉她自己马上出去，让她别生气。"

  还有人说："我会赶紧出去，或许客人会以为自己眼花了。"

说来说去，大家还是在用各种方式道歉，但道歉不能完全化解顾客的不满，这样处理问题，服务员还是会被投诉。换种说法，如果你是这位女性顾客，会接受道歉吗？究竟该怎么办呢？有个机智的应聘者给出了一个精彩的答案："对不起先生，我不是故意的。"他最终应聘成功。

你可能要质疑这个回答，客人明明是个女士，为何要称作先生？但换个角度思考，客人生气的原因是什么？是你看到她了，让她尴尬至极。加一句"先生"，表示你只知道里面有人洗澡，但没有看清男女，客户心里会怎么想？肯定认为你没有看清楚，也就不会多加追究。

这个应聘者用这样的回答，化解尴尬，打破僵局，避免了被投诉。这种打圆场的说话艺术，堪称"万金油"。

之所以提及这道面试题，是因为我们在聊天的时候，难免会遇到这样或那样的意外情况，如果处理不好，会使场面非常尴尬，甚至引起不必要的纷争和矛盾。这时，如果有人能及时打圆场，用几句话化解尴尬，让气氛重新轻松活跃起来，就可以让聊天继续下去。

小贺经营着一家服装零售公司。这天，他应邀参加合作厂家组织的周年庆活动。会上，厂家对经销商的支持给予了充分的肯定和感谢，并评选出五大优秀合作商，其中就包括小贺。和小贺相邻而坐的老高，心中不免有些失落。"我和厂家合作五六年了，一次优秀合作商也没被评上……"老高的语气颇有些感伤。

一位厂家负责人恰好听到了老高的话，当即回复道："那不能完全怪我们，我们是按销量业绩评选的。"言外之意就是老高的销量业绩不好。

老高闻言，尴尬得不知所措，气氛顿时沉闷起来。

小贺一看气氛不对，立马接话道："老高，自古不以一时成败论英雄，没准你就是那第六名，明年再接再厉，肯定就能评上啦。"

听了小贺的话，老高的脸色才由阴转晴。

晚宴上，厂家的市场经理前来敬酒并聊天。老高不善言谈，和对方简单寒暄几句之后便不知道讲什么好，两人陷入了沉默。

这时，小贺适时插话道："经理，您这件衬衣不错，是咱们即将推出的新款吗？我和老高，还有好几个伙伴，一直想请教您明年的市场计划，您给我们谈谈吧……"顿时，聊天气氛又活跃了起来。

由上可知，"打圆场"不同于"和稀泥"，它不是不着边际的奉承，更不是油腔滑调的诡辩，而是一种满怀善意的说话艺术，反映了一个人的机智、情商和修养。有时三言两语就可以起到调解纠纷、化解矛盾、避免尴尬、打破僵局的作用，如愿达成自己的交流目标。

当然，打圆场并不是随随便便说几句幽默的话进行"劝和"，其中也是有技巧的。

首先，弄清楚事情的前因后果，绝不能在不清不楚的情况下贸然打圆场。圆场打得好，别人会欣赏你；打得不好，别人会嘲笑你没有头脑。

其次，任何事情都有两面性，站在不同的角度，看到的对与错、利与弊都不尽相同，因此要学会用辩证的眼光看待问题。打圆场时可以说一些中立的话，不要让自己的言语偏向哪一方，否则也很容易得罪人。

如果你觉得自己的人缘还不够好，大家对你的信任度还不够高，不妨多多学习打圆场，替自己也替别人化解尴尬，相信不久就能体会到其中的益处。

在办公室中，遇到领导无心的过失，不要等着看笑话，要快速反应，为领导打圆场，帮助领导从僵局和尴尬中走出来，职场之路才会更顺畅。

朋友聚会中，遇到喝多了的朋友胡言乱语，不要火上浇油，要灵活地打圆场，让大家从紧张的气氛中走出来，化尴尬为自然。

与家人相处时，遇到家庭成员负气时说气话，要学会用善意和理解的心境为他打圆场，家和才能万事兴。

当你掌握了打圆场的技巧和方法，就能遇事不慌，化身和平使者，在复杂的人际关系中处处顺畅。